Papst Benedikt XVI. bei seiner letzten Generalaudienz am 27. Februar 2013

Hans Langendörfer (Hg.)

DANKE BENEDIKT

SEIN LEBEN · SEIN PONTIFIKAT · SEIN RÜCKTRITT

HERDER
FREIBURG · BASEL · WIEN

Weltbild

Danke, Benedikt!

Dieses Buch schildert die ungewöhnliche Lebensgeschichte eines Mannes, dessen überraschender Verzicht auf das Papstamt die ganze Welt aufhorchen ließ. Es ruft den langen Weg in Erinnerung, der Joseph Ratzinger aus der übersichtlichen Welt der bayerischen Kindheit an die Schalthebel der weltweit tätigen katholischen Kirche führte. Wie man dem Leben und Glauben eine Ordnung und Ausrichtung geben kann, das ist ein durchgängiges Motiv dieser ganz besonderen Biografie. Es durchzieht sie wie ein roter Faden.

Allerdings findet der Mensch – das bezeugt der Papst aus Deutschland – eine tragfähige Lebensorientierung nicht durch ein allgemeines Gesetz oder einen abstrakten Bauplan, die ihn anleiten könnten. Halt und Ausrichtung im Entscheidenden gibt nur die Begegnung mit jener Person, die den Menschen einlädt, ihr ganz zu vertrauen, die ihm einen liebevollen Schutz verspricht und deren Wirken nicht beschränkt wird durch die Macht des Todes: mit Gott. Das ist die grundlegende und bleibende Botschaft von Papst Benedikt.

Sein Leben illustriert an der eigenen Person, wie ein Mensch seinem Leben eine Ordnung und Ausrichtung geben kann, wenn er sich an Gott orientiert. Diese Ausrichtung setzt die besten und wichtigsten Kräfte des Menschen frei, vor allem seine Vernunft und die Wahrnehmung von Verantwortung. Es geht um Gott, der sich leibhaftig in dieser Welt und ihrer Geschichte offenbart hat im Leben und Sterben Jesu von Nazareth, der durch die Jahrhunderte hindurch gegenwärtig bleibt dank der biblischen Schriften, der kirchlichen Tradition, und vor allem des persönlichen und gemeinschaftlichen Betens und der Feier der Gottesdienste und Sakramente.

Die Bilder und Texte dieses Bandes präsentieren die zentralen Etappen des Lebenswegs eines Menschen, der zeitlebens mit Leidenschaft studierte und bis heute große Freude hat an der Theologie und an der akademischen Lehre. Seine Belesenheit und wissenschaftliche Urteilskraft zogen wie von selbst die Übertragung hoher kirchlicher Verantwortung nach sich. Als Erzbischof von München und Freising, als „Glaubenswächter" in Rom und als Papst der Weltkirche hat Joseph Ratzinger Einfluss gehabt und Einfluss genommen. Niemals aber ist er in den verschiedenen Ämtern eine Auskunft schuldig geblieben über die Quellen, aus denen er schöpft. Seine Predigten und Ansprachen – und in jüngster Zeit besonders die drei Bände über Jesus von Nazareth – legen dafür Beweis ab. Er hat seine Botschaft mit Nachdruck und einfach verkündet: „Wo Gott ist, da ist Zukunft." So hieß programmatisch auch das Motto seiner bejubelten Deutschlandreise 2011.

Auch wenn der rote Faden

seines Lebens leicht erkennbar ist, bleibt das Lebenswerk von Papst Benedikt vielschichtig. Das Geflecht der Einflüsse, die auf es einwirkten, ist bunt. Nicht alles kann dieser Band einfangen. Wohl aber soll Entscheidendes zur Sprache kommen. Dabei entsteht das Bild eines

Mannes, der zeitlebens auf seltene Weise frei war vom Streben nach Erfolg, Karriere und eigener Wichtigkeit. Demut war für ihn eine Tugend, die er lebte und nicht bloß rhetorisch beschwor. Respekt gegenüber den Menschen galt und gilt ihm als selbstverständlich. Joseph Ratzinger ist zugleich auch der Mann, der den Großen dieser Welt auf Augenhöhe und selbstbewusst begegnete; der sich nicht einschüchtern ließ, sondern unbeirrt dem folgte, was er als richtig und wahr erkannt hatte. Die Begegnungen mit Staatenlenkern und Religionsführern in aller Welt sind dafür ein Beispiel.

Über Gott heißt es

in einer schönen Aussage, die dem heiligen Ignatius, dem Gründer des Jesuitenordens, als dessen Lebensmotto zugeschrieben wurde: „Nicht eingeschränkt vom Größten und zugleich präsent im Kleinsten." Papst Benedikt hat sich von diesem Wesen Gottes inspirieren lassen. Er hat zudem die ganze Spannbreite menschlicher Beziehungen durchlebt: Die Geborgenheit des Kindes und Jugendlichen wird abgelöst durch die Wirren des Krieges; der Professor begegnet bald einer begeisterten Hörerschaft, bald der schneidenden Abweisung durch die Studenten; ebenso ergeht es dem Bischof und Kardinal und vor allem dem Pontifex. Die einen jubeln ihrem geliebten „Benedetto" zu, die anderen zeihen ihn des Versagens im Fall der Piusbruderschaft oder der Mitschuld am Leid, das Geistliche Kindern und jungen Menschen durch sexualisierte Gewalt zugefügt haben. Er war umgeben von Menschen, die ihm liebevoll zugetan waren – und von Verrätern. Papst Benedikt hat diese spannungsreiche und irritierende Vielfalt menschlicher Verbundenheit aushalten müssen und aushalten können – im Glauben an den Gott, der Liebe ist: *Deus caritas est*, wie er seine entscheidende erste Enzyklika überschrieb.

Joseph Ratzinger, Papst Benedikt war und ist ein Mitarbeiter der Wahrheit, die Gott selbst ist: ein *cooperator veritatis*, wie es sein Wappenspruch ausdrückt. Er bringt die Wahrheit dieser Welt und die Wahrheit über die Kirche, die Gläubigen und die Menschen zur Geltung. Dazu gehört auch die Einsicht in das Schwinden der Lebenskraft, dem keiner entfliehen kann. Er ist dieser Tatsache nicht ausgewichen; er hat sich im betenden Zwiegespräch mit dem Herrn geprüft und dann entschieden, das Papstamt einem anderen zur Verfügung zu stellen, der die Kirche in diesen schwierigen Jahren kraftvoller leiten kann. Eine große Tat eines großen Mannes!

Allen, die bei der raschen und konzentrierten Erstellung dieses Erinnerungsbandes auf phantastische Weise zusammengewirkt haben, danke ich von Herzen, insbesondere Burkhard Menke, Guido Schröer, André Lorenz und Simon Biallowons.

Hans Langendörfer S.J.

Jesuitenpater Dr. Hans Langendörfer ist Sekretär der Deutschen Bischofskonferenz. Er war der Generalkoordinator des Deutschlandbesuchs von Papst Benedikt XVI. im Herbst 2011.

62

72

Inhalt

156

174

Um 17.07 Uhr verlässt der Hubschrauber mit Papst Benedikt XVI. an Bord den Vatikan Richtung Castel Gandolfo. Während des Fluges läuten die Glocken des Petersdoms.

ABSCHIED VON PAPST BENEDIKT XVI.

„Im Gebet bleiben wir, liebe Freunde, einander nahe“

Nach sieben Jahren, zehn Monaten und neun Tagen endet am 28. Februar 2013 das Pontifikat Benedikts XVI. Als erster Nachfolger Petri seit 718 Jahren tritt der Papst aus Deutschland freiwillig zurück. Die ganze Welt ist elektrisiert angesichts des historischen Ereignisses. Hunderttausende Menschen nehmen bewegt und voller Respekt Abschied.

„Der Papst ist nie allein": Benedikt XVI. findet persönliche Worte in seiner Predigt.

Rund 150.000 Pilger sind zum Abschied nach Rom gekommen.

Auch die Kardinäle Arinze (l.) und Bertone sind bewegt.

Auf der Fahrt über den Petersplatz segnet der Heilige Vater noch einige Kinder.

Sehr viele der Kardinäle sind schon zur letzten Generalaudienz nach Rom gekommen.

Generalaudienz am 27. Februar: „Die Kirche lebt!“

150.000 Menschen sind auf den Petersplatz gekommen, um bei der letzten großen Generalaudienz von Papst Benedikt XVI. Abschied zu nehmen. Der bayerische Pontifex hält eine sehr berührende und persönliche Ansprache, hört die Bayernhymne einer Kapelle aus Traunstein und erhält minutenlangen Applaus. Die Menge auf dem Platz ist auch nachts in seiner Nähe, als in der päpstlichen Wohnung immer noch Licht scheint.

Der bayerische Ministerpräsident Horst Seehofer und seine Frau Karin verabschieden sich vom Papst.

Nachtwache auf dem Petersplatz.

Besonders viele Gläubige sind aus Bayern gekommen.

Auch für Papstsekretär Georg Gänswein sind diese Tage im Vatikan besonders.

Zu Beginn des letzten Tages verabschiedet sich der Papst persönlich von den 144 anwesenden Kardinälen.

Der letzte Tag: „Ich bin nur noch ein einfacher Pilger."

Papst Benedikt XVI. verabschiedet sich am Vormittag von den Kardinälen und um 17 Uhr aus dem Vatikan. Die Glocken des Petersdoms läuten, als der Helikopter in den Abendhimmel Richtung Castel Gandolfo fliegt. Dort warten noch einmal Tausende Gläubige auf Benedikt XVI., der sich ein letztes Mal auf dem Balkon zeigt. Er verabschiedet sich von ihnen und der Welt mit den Worten: „Ich werde bis 20 Uhr noch Pontifex sein. Ab dann bin ich nur noch ein einfacher Pilger, der die letzte Etappe seiner Pilgerreise auf dieser Erde beginnt."

Papst Benedikt XVI. mit seinem Sekretär Georg Gänswein kurz vor dem Start des Hubschraubers.

Auch in Castel Gandolfo herrschen Wehmut und Trauer. Eine Ordensfrau winkt dem Papst zum Abschied.

Ein letztes Mal wendet sich Benedikt XVI. als Papst den Gläubigen zu.

Tausende Menschen sind auf den Marktplatz in Castel Gandolfo gekommen, um dem Papst zu danken (u.).

Um Punkt 20 Uhr schließen die Pforten des Papstpalastes. Das Pontifikat von Benedikt XVI. ist zu Ende, die Sedisvakanz beginnt.

Erste Amtshandlung von Kardinal Bertone als Camerlengo: Er versiegelt die päpstliche Wohnung im Apostolischen Palast.

Liebe Mitbrüder!

Ich habe euch zu diesem Konsistorium nicht nur wegen drei Heiligsprechungen zusammengerufen, sondern auch, um euch eine Entscheidung von großer Wichtigkeit für das Leben der Kirche mitzuteilen. Nachdem ich wiederholt mein Gewissen vor Gott geprüft habe, bin ich zur Gewissheit gelangt, dass meine Kräfte infolge des vorgerückten Alters nicht mehr geeignet sind, um in angemessener Weise den Petrusdienst auszuüben. Ich bin mir sehr bewusst, dass dieser Dienst wegen seines geistlichen Wesens nicht nur durch Taten und Worte ausgeübt werden darf, sondern nicht weniger durch Leiden und durch Gebet. Aber die Welt, die sich so schnell verändert, wird heute durch Fragen, die für das Leben des Glaubens von großer Bedeutung sind, hin- und hergeworfen. Um trotzdem das Schifflein Petri zu steuern und das Evangelium zu verkünden, ist sowohl die Kraft des Körpers als auch die Kraft des Geistes notwendig, eine Kraft, die in den vergangenen Monaten in mir derart abgenommen hat, dass ich mein Unvermögen erkennen muss, den mir anvertrauten Dienst weiter gut auszuführen. Im Bewusstsein des Ernstes dieses Aktes erkläre ich daher mit voller Freiheit, auf das Amt des Bischofs von Rom, des Nachfolgers Petri, das mir durch die Hand der Kardinäle am 19. April 2005 anvertraut wurde, zu verzichten, sodass ab dem 28. Februar 2013, um 20.00 Uhr, der Bischofssitz von Rom, der Stuhl des heiligen Petrus, vakant sein wird und von denen, in deren Zuständigkeit es fällt, das Konklave zur Wahl des neuen Papstes zusammengerufen werden muss.

Liebe Mitbrüder, ich danke euch von ganzem Herzen für alle Liebe und Arbeit, womit ihr mit mir die Last meines Amtes getragen habt, und ich bitte euch um Verzeihung für alle meine Fehler. Nun wollen wir die Heilige Kirche der Sorge des höchsten Hirten, unseres Herrn Jesus Christus, anempfehlen. Und bitten wir seine heilige Mutter Maria, damit sie den Kardinälen bei der Wahl des neuen Papstes mit ihrer mütterlichen Güte beistehe. Was mich selbst betrifft, so möchte ich auch in Zukunft der Heiligen Kirche Gottes mit ganzem Herzen durch ein Leben im Gebet dienen.

**DIE RÜCKTRITTSERKLÄRUNG VON PAPST BENEDIKT XVI.
IM KREIS DER KARDINÄLE AM 11. FEBRUAR 2013**

Nach der Sitzung mit den Kardinälen, in der er seinen Rücktritt angekündigt hat, verlässt Papst Benedikt XVI. den Konsistoriensaal im Apostolischen Palast.

Die letzten Kräfte

Papst Benedikt auf dem Weg zu einem Treffen mit Seminaristen, drei Tage vor der Ankündigung seines Rücktritts.

Die letzte politische Audienz

Am 23. Februar empfängt der Papst den italienischen Staatspräsidenten Giorgio Napolitano. Beide haben stets ein herzliches Verhältnis gepflegt.

Die letzte heilige Messe

Die Feier des Aschermittwochs am 13. Februar ist die letzte große Liturgie von Papst Benedikt XVI. Wegen des großen Ansturms von Gläubigen ist sie von der Basilika Santa Sabina in den Petersdom verlegt worden. Mit stehenden Ovationen bereiten die Gläubigen dem Heiligen Vater einen ersten emotionalen Abschied.

Das letzte Angelusgebet

Am Sonntag, dem 24. Februar, spricht Papst Benedikt XVI. zum letzten Mal den traditionellen Angelus vom Fenster seines Arbeitszimmers vor mehreren Zehntausend Pilgern auf dem Petersplatz. Der Heilige Vater sagt: „Gott hat mich gerufen, auf den Berg zu steigen, um mich noch mehr dem Gebet und der Meditation zu widmen."

Christa Ebe versucht gar nicht erst, ihre Tränen zurückzuhalten. Es ist 17.05 Uhr an diesem 28. Februar, und über dem Petersplatz in Rom läuten die Glocken. Christa Ebe tupft die Tränen mit einem Banner weg, auf dem blau auf weiß steht: „Bayern grüßt Benedikt XVI." Starr blickt sie nach vorn auf den riesigen Bildschirm an den Kolonnaden des Petersplatzes, blickt auf einen kleinen Mann in Weiß, Papst Benedikt XVI. Sie sieht, wie er in einem Hubschrauber verschwindet, wie sich die Türe schließt und wie der Helikopter abhebt. Es ist 17.07 Uhr und der Moment, in dem Benedikt XVI., der Papst aus Deutschland, den Vatikan verlässt. Er wird zurückkehren. Aber nicht mehr auf den Stuhl Petri.

Kardinäle und Erzbischöfe in den vatikanischen Büros, Pilger und Journalisten auf dem Petersplatz, Katholiken und Nicht-Katholiken an den Fernsehgeräten in aller Welt – sie alle eint an diesem 28. Februar das gleiche Gefühl: Zeugen eines historischen Ereignisses zu sein. Ein Papst nimmt Abschied. „Ich fühle mich ein bisschen allein", gesteht Christa Ebe. „Benedikt XVI. war unser Papst. Er war geradlinig, und wir haben uns auf ihn verlassen können. Jetzt fühle ich mich ein wenig verloren."

Etwa 24 Stunden zuvor. Es ist der letzte Tag, an dem Benedikt noch einmal als oberster Hirte vor seine Kirche tritt. Gläubige aus aller Welt sind gekommen, zahlreich wie nie um diese Zeit. Besonders viele Pilger aus Bayern sind nach Rom geströmt; die Flüge von München waren ausgebucht, allein das Bayerische Pilgerbüro brachte mehr als 400 Landsleute in die italienische Hauptstadt.

Als die Pilger aus dem Freistaat sich dem Petersplatz nähern, wird klar: Zum Abschied des Bayern Benedikt XVI. ist die ganze Welt gekommen. Schon vor sechs Uhr morgens drängen sich Menschen mit bunten Fahnen vor den Kolonnaden. Flaggen aus Spanien und der Slowakei, aus den USA und aus Mexiko, eine sogar aus Trinidad und Tobago. Sie alle müssen warten, erst um halb acht wird der Petersplatz geöffnet. Die Pilger drängen sich eng zusammen. Man erinnert sich an einen Leitspruch Benedikts XVI.: „Wer glaubt, ist nie allein."

Inzwischen ist es hell geworden, immer mehr Menschen strömen auf den Petersplatz. Glücklich sind jene, die Tickets bereits geordert hatten, ohne zu ahnen, dass sie an einem historischen Ereignis teilnehmen würden. Renate Lex hatte eine Woche zuvor Hotel und Flug gebucht: „Mein Mann wollte unbedingt noch einmal den Papst sehen." Ihr Mann heißt Johann Lex, er trägt grüne Stutzen, eine helle Lederhose, einen Trachtenjanker und einen grünen Federhut. Lex hat den Heiligen Vater schon einmal getroffen, als er noch Kardinal und Erzbischof in München war. Jahre später saß Lenz vor dem Fernseher und sah, wie jener Joseph Ratzinger am 19. April 2005 zum Stellvertreter Christi gewählt wurde: „Ich hatte Tränen in den Augen und war so bewegt, so gerührt", erinnert er sich. Lex ist das, was man in Bayern ein „g'standenes Mannsbild" nennt. Groß und kräftig ist er, und man glaubt ihm sofort, wenn er sagt: „Und ich bin normal gar nicht so der emotionale Typ." Doch so wie Johann Lex weiter über den Heiligen Vater spricht, wirkt das fast zärtlich: „Ich kann das schwer beschreiben. Aber irgendwie habe ich mich von ihm angenommen gefühlt, obwohl er so weit weg war. Dafür sind wir ihm dankbar."

Bei einem Dankgottesdienst in der Berliner Hedwigskathedrale würdigt der Vorsitzende der Deutschen Bischofskonferenz, Erzbischof Robert Zollitsch, den Papst im Namen der Kirche in Deutschland.

Seine Frau Renate hat diese Dankbarkeit in Worte gestickt. Auf blauem Hintergrund steht in Weiß: „Pfiad di Benedikt", der persönliche Abschiedsgruß aus der Heimat. Ein Abschied, der so unvermittelt kam und doch schon lange vorbereitet war.

Benedikts Stimme zittert nicht.

Ohne Betonung spricht Benedikt die lateinischen Worte aus, die am 11. Februar 2013 die katholische Welt erschüttern: „Im Bewusstsein des Ernstes dieses Aktes erkläre ich daher mit voller Freiheit, auf das Amt des Bischofs von Rom, des Nachfolgers Petri, (...) zu verzichten." Die Kardinäle in der *Sala Clementina* verstehen, ohne zu begreifen. Stille. Schweigen. Fassungslosigkeit. Langsam wird den Eminenzen klar: Erst zum zweiten Mal überhaupt in der Geschichte der Kirche tritt ein Papst freiwillig von seinem Amt zurück. Sie ahnen, dass dieser 11. Februar das höchste katholische Amt nachhaltig verändern wird.

> *„Bewegt von legitimen Gründen, aus der Notwendigkeit der Demut, der moralischen Perfektion und aus Gewissensgründen, aber auch aus der Schwäche des Körpers, wegen der Unfähigkeit zum Lehramt, wegen der Schwäche meiner gesamten Person und schließlich, um den Frieden und die Versöhnung mit meinem früheren Leben wiederzuerlangen, trete ich aus freiem Willen vom Pontifikat zurück und verzichte ausdrücklich auf den Thron, auf die Würde, auf das Amt und auf die Ehre, indem ich von diesem Moment an die volle und freie Macht an das hl. Kollegium der Kardinäle übergebe, nach kanonischem Recht einen neuen Hirten für die Universalkirche zu wählen."*

Das sind nicht die Worte Benedikts XVI. Es sind die Worte Coelestins V., des letzten Papstes, der freiwillig von seinem Amt zurücktrat. Vor über 700 Jahren war das. Die Gründe, die Coelestin V. und Benedikt XVI. für ihre Entscheidung anführen, sind nahezu identisch. Sogar die Wortwahl ähnelt sich. Wohl nicht zufällig hatte Benedikt XVI. zweimal das

> „Unter euch, im Kardinalskollegium, ist auch der künftige Papst, dem ich schon heute meine unbedingte Ehrfurcht und Gehorsam verspreche."

BENEDIKT XVI. BEIM ABSCHEID VON DEN KARDINÄLEN AM 28. FEBRUAR 2013

REAKTIONEN AUS ALLER WELT

„Wie ein Blitz aus heiterem Himmel"

Bewunderung und Respekt kennzeichnen die internationalen Reaktionen aus Kirche und Politik auf den Rücktritt von Papst Benedikt XVI.

Papst Benedikt XVI. schenkte uns ein geistliches Pontifikat von theologischer Tiefe und intellektueller Weite. Er ist ein Prediger, dem es immer wieder in herausragender Weise gelingt, die Worte der Heiligen Schrift ins Hier und Heute zu übersetzen, weil er nah bei den Menschen und am Herzschlag Gottes ist.

Erzbischof Robert Zollitsch Vorsitzender der Deutschen Bischofskonferenz

Ich war eingeweiht. Er überlegte seit einigen Monaten, sich zu überprüfen. Für diese Aufgabe ist eine Persönlichkeit von Nöten, die im Vollbesitz ihrer Kräfte ist.

Monsignore Georg Ratzinger Bruder des Papstes

Benedikt XVI. ist und bleibt einer der bedeutendsten religiösen Denker unserer Zeit.

Angela Merkel Deutsche Bundeskanzlerin

Ich habe größte Bewunderung für die Geste des Papstes, für den Mut, die Geistesfreiheit und das große Bewusstsein für die Verantwortung seines Amts.

Pater Federico Lombardi Vatikansprecher

Wie ein Blitz aus heiterem Himmel hat diese Versammlung Ihre bewegende Botschaft gehört. Wir haben sie mit Fassungslosigkeit und beinahe ungläubig gehört.

Angelo Sodano Kardinaldekan

Für die historisch höchst seltene Entscheidung sind großer Mut und Selbstreflexion nötig. Beides findet meinen außerordentlichen Respekt.

Joachim Gauck Deutscher Bundespräsident

Im Namen aller Amerikaner wollen Michelle und ich Seiner Heiligkeit Papst Benedikt XVI. unsere Wertschätzung und Gebete übermitteln.

Barack Obama US-Präsident

Dass Ämter nur auf Zeit wahrgenommen werden und dass man ab einem bestimmten Lebensalter von allen amtlichen Pflichten befreit ist, gehört zum Maß des Menschlichen.

Nikolaus Schneider Vorsitzender des Rates der Evangelischen Kirche in Deutschland

Mit Hochachtung erinnere ich mich an die persönliche Begegnung mit dem Papst in Berlin und seine bemerkenswerte Rede im Deutschen Bundestag.

Aiman Mazyek Vorsitzender des Zentralrats der Muslime in Deutschland

Es ist ein höchst achtbarer Schritt.

François Hollande Französischer Staatspräsident

Am Tag der Rücktrittsankündigung schlug ein Blitz in die Kuppel des Petersdoms ein.

Er wird von Millionen Menschen als spirituelle Leitfigur vermisst werden.
David Cameron
Britischer Premierminister

Wir Orthodoxen werden ihn immer ehren als Freund unserer Kirche.
Bartholomaios I.
Patriarch von Konstantinopel

Papst Benedikt XVI. hat dem jüdisch-christlichen Verhältnis neue Impulse verliehen und es mit Herzlichkeit erfüllt.
Dieter Graumann Präsident des Zentralrats der Juden in Deutschland

Ich respektiere zutiefst die Entscheidung von Papst Benedikt XVI., ganz besonders, weil sie nicht der Tradition entspricht.
Herman van Rompuy
Präsident des Europäischen Rates

Ich bin regelrecht schockiert. Das geistliche Amt ist ja eine Art Vaterschaft. Und Vater bleibt man doch Zeit seines Lebens.
Kardinal Joachim Meisner
Erzbischof von Köln

Kirche und Welt haben Papst Benedikt XVI. viel zu danken, mehr als uns im Augenblick bewusst ist.
Kardinal Karl Lehmann
Bischof von Mainz

Grab Coelestins besucht, wohl nicht ohne Grund 2009 dort sein Pallium niedergelegt. Inzwischen weiß man, wie groß Benedikts Nähe zu seinem Vorgänger gewesen sein muss.

„Wie ein Blitz aus heiterem Himmel" sei die Entscheidung des Papstes für die anwesenden Kardinäle gewesen, hatte der Vorsitzende des Kardinalskollegiums Angelo Sodano zu Protokoll gegeben. Die Welt erfährt davon zuerst durch die italienische Nachrichtenagentur ANSA. Deren Vatikan-Korrespondentin Giovanna Chirri saß mit im Konsistorium, und sie versteht Latein. Wie in Trance, so wird sie später erzählen, habe sie die Nachricht weitergegeben. Danach bricht der Sturm los. Im Auge des Sturms bleibt der Papst ruhig und gelassen. Je weiter man nach außen geht, desto aufgeregter wird es. Die Medien überbieten sich darin, den Heiligen Vater zu würdigen, zu kritisieren, seinen Rücktritt zu analysieren, erste Prognosen für das anstehende Konklave abzugeben.

Der Vatikan veröffentlicht

nach und nach Details über das Prozedere des Rücktritts. Es gibt keinen Präzedenzfall in unserer Zeit. Vieles, das auch völlig neu ist, muss organisiert werden: Wann wird der Papst abreisen und wohin? Wird er sich noch einmal den Gläubigen zeigen? Welche Gäste kann er noch empfangen? Solche und ähnliche Fragen werden von der Präfektur des Päpstlichen Hauses und vor allem von Georg Gänswein bearbeitet. Ihn hatte der Papst kurz vor seinem Rücktritt noch zum Erzbischof und zum Präfekten des Päpstlichen Hauses ernannt. Er ist einer der wenigen, die nach dem 28. Februar um 20 Uhr, wenn das Pontifikat Benedikts XVI. endet, ihr Amt nicht niederlegen müssen.

Es stellen sich weitere kirchenrechtliche Fragen: Wie wird man Benedikt XVI. nach seinem Rücktritt nennen? Welchen Titel und welches Gewand wird er tragen? Experten arbeiten fieberhaft daran, Antworten auf diese Fragen zu finden. Es zeigt sich, dass das Kirchenrecht vorbereitet ist für den Tod eines Papstes, aber nicht für seinen Rücktritt.

Der Mittwoch nach dem 11. Februar ist Aschermittwoch. In diesem Jahr entfällt die Zeremonie in der Basilika *Santa Sabina*, oben auf dem Aventin. Wegen des großen Ansturms von Gläubigen predigt Benedikt XVI. im Petersdom. Der Heilige Vater findet klare und eindringliche Worte: „Ich denke besonders an die Vergehen gegen die Einheit der Kirche, an die Spaltungen im Leib der Kirche. Die Fastenzeit in einer intensiveren und sichtbareren Gemeinschaft mit der Kirche zu leben, indem man Individualismen und Rivalitäten überwindet, ist ein demütiges und kostbares Zeichen für diejenigen, die dem Glauben fern sind oder ihm gegenüber gleichgültig sind." Millionen Gläubige auf der ganzen Welt wissen in diesem Moment, dass der scheidende Heilige Vater auch die Verhältnisse im Vatikan meint. Nach der Messe spenden ihm die anwesenden Kardinäle lange Beifall, einige wischen sich ein paar Tränen aus den Augen.

In der zweiten Woche

nach Papst Benedikts Rücktrittsankündigung schweigt der Vatikan. Die Kurie hat sich mit dem Papst zu den traditionellen Fasten-Exerzitien zurückgezogen. Die Exerzitien leitet Kardinal Gianfranco Ravasi, einer der Italiener, die als mögliche Nachfolger Benedikts gehandelt werden. Am Sonntag nach den Exerzitien, es ist der 24. Februar, findet der Angelus statt. Zum letzten Mal spricht Benedikt XVI. als Oberhaupt der katholischen Kirche von seinem Fenster im Apostolischen Palast aus zu den Gläubigen. Der Papst legt das Evangelium über die „Verklärung des Herrn" aus und wirkt so, als ob er nächste Woche wieder hier am Fenster stehen würde. Gegen Ende allerdings wirkt er berührt, als er die Pilger auf Deutsch begrüßt: „Ich danke euch für die Zuneigung und für die Nähe, besonders im Gebet, in dieser für mich und für die Kirche besonderen Zeit."

„Er wusste, wie man seinem Gewissen folgen und Gott gehorsam sein kann; wie man also ohne Angst und mit großem Mut handeln kann. So hatte er auch in den schwierigen Momenten seines kurzen Pontifikats keine Furcht, seine Würde zu verlieren, sondern wusste, dass diese darin besteht, in der Wahrheit zu bleiben."

PAPST BENEDIKT XVI. ÜBER PAPST COELESTIN V.

Dieses Angelusgebet ist der vorletzte offizielle Auftritt Papst Benedikts XVI. Am Montag danach verabschiedet er noch einige rechtliche Änderungen. Unter anderem stellt er den Kardinälen frei, das Konklave früher abzuhalten. Die meisten sind ohnehin bereits auf dem Weg nach Rom – wie Tausende Gläubige wollen auch sie dabei sein, wenn Benedikt XVI. am 27. Februar die letzte Generalaudienz hält und am Tag danach den Vatikan und den Stuhl Petri verlässt.

„Ich finde es beeindruckend, dass die Italiener ‚unseren' Papst feiern, als wäre er ihr Landsmann. Da sieht man, dass es am Ende doch egal ist, wo ein Papst herkommt", sagt Renate Lex auf dem Petersplatz. Und tatsächlich: Als es kurz nach halb elf Uhr vormittags laut wird, spürt man, dass die katholische Kirche eine weltweite Gemeinschaft ist. Rund 150.000

Das letzte Bild von Benedikt XVI. als Papst: Nach der kurzen Ansprache an die Pilger in Castel Gandolfo zieht er sich zurück in den Palast.

Papst wider Willen

Coelestin V. war bislang der einzige Papst, der freiwillig zurücktrat.

Zweimal besuchte Papst Benedikt XVI. das Grab von Coelestin V. Im April 2009 legte er sogar sein Pallium auf dem gläsernen Sarg ab.

„Ich schaffe es nicht, mich selbst zu retten – wie soll ich da die ganze Welt retten?“ Worte von Papst Coelestin V., als er noch Pietro Angelari war. Die ganze Welt erinnert sich jetzt wieder an den Einsiedler aus den Abruzzen, der eine historisch einmalige Gemeinsamkeit mit Benedikt XVI. teilt: Coelestin V. war bislang der einzige Papst, der aus freien Stücken zurücktrat. Das war 1294 die konsequente Entscheidung eines Eremiten, der sich schon fünf Monate zuvor gegen seine Wahl gewehrt hatte.

Pietro Angelari wird zwischen 1209 und 1215 in den Abruzzen geboren. Nach seiner Ausbildung bei den Benediktinern zieht er sich in die Einsamkeit des Bergs Morrone zurück und nennt sich von da an Pietro del Morrone. Sein Leben in Buße und Askese findet viele Anhänger, sie halten ihn für einen Heiligen und sagen ihm Wunder nach. Ihnen zuliebe gründet der Eremit eine Gemeinschaft, den späteren Cölestinerorden, und führt eine verschärfte Benediktinerregel ein. Trotz seiner Popularität und Erfolge, etwa der Anerkennung seiner Gemeinschaft durch den Heiligen Stuhl, gibt del Morrone 1293 die Leitung ab und zieht sich wieder auf den Berg zurück.

Inzwischen hat sich aber sein Ruf in der Kurie herumgesprochen. Der Heilige Stuhl ist seit dem Tod von Nikolaus IV. im Jahr 1292 vakant. Pietro del Morrone wird am 5. Juli 1294 zum Papst gewählt. Nachdem er sich zunächst weigert, die Wahl anzunehmen, willigt er schließlich doch ein, und er wird am 28. Juli 1294 als Papst Coelestin V. in sein Amt eingeführt. Nur fünf Monate später legt der dann etwa 80-Jährige das Papstamt nieder. Als erster Papst der Geschichte tritt er freiwillig zurück – wegen der „Schwäche meines Körpers“ und aus „Unfähigkeit zum Lehramt“.

Die Lebensgeschichte von Pietro del Morrone und die Entscheidung des Papstes Coelestin V. hinterließ offensichtlich nachhaltigen Eindruck bei Benedikt XVI. Zweimal während seines Pontifikats besuchte er Coelestins Grab in den Abruzzen. Im April 2009 erwies er Coelestin eine besondere Ehre, als er sein Pallium auf dem gläsernen Sarkophag ablegte. Und vor der Entscheidung seines Rücktritts gewinnen Benedikts Worte vom 4. Juli 2010 eine ganz neue Bedeutung: „So hatte er auch in den schwierigen Momenten seines kurzen Pontifikats keine Furcht, seine Würde zu verlieren, sondern wusste, dass diese darin besteht, in der Wahrheit zu bleiben.“

Menschen jubeln, als Benedikt XVI. im Papamobil diese letzte Fahrt durch das Meer der Gläubigen antritt. Seine Segensgesten wirken noch langsamer als sonst, doch erneut sind seine Worte von großer Klarheit. An diesem Mittwoch hält der Papst keine klassische Katechese. Er spricht sehr persönlich und hinterlässt Sätze, die im Gedächtnis bleiben werden:

> *„Als ich am 19. April vor fast acht Jahren eingewilligt habe, den Petrusdienst zu übernehmen, hatte ich die feste Gewissheit, die mich immer begleitet hat: diese Gewissheit, dass die Kirche lebt und zwar aus dem Wort Gottes. Und acht Jahre danach kann ich sagen, dass der Herr mich wirklich geführt hat, er ist mir nahe gewesen, täglich habe ich seine Gegenwart wahrnehmen können."*

> *„Doch nicht allein Gott will ich in diesem Augenblick danken. Ein Papst ist nicht allein bei der Leitung des Bootes Petri, auch wenn er der Hauptverantwortliche ist. Ich habe mich beim Tragen der Freude und der Last des Petrusdienstes nie allein gefühlt; der Herr hat mir viele Menschen zur Seite gestellt, die mir mit Großherzigkeit und Liebe zu Gott und zur Kirche geholfen haben und mir nahe waren."*

> *„Es gibt keine Rückkehr ins Private. Meine Entscheidung, auf die aktive Ausführung des Amtes zu verzichten, nimmt dies nicht zurück. Ich kehre nicht ins private Leben zurück – in ein Leben mit Reisen, Begegnungen, Empfängen, Vorträgen usw. Ich gehe nicht vom Kreuz weg, sondern bleibe auf neue Weise beim gekreuzigten Herrn."*

Papst Benedikt XVI. zieht mit seinen feinen, geschliffenen Worten eine Bilanz seines Pontifikats, die einerseits versöhnlich wirkt, sich aber auch mit sehr gelassenem Selbstbewusstsein gegen all jene wendet, die ihn bis in die letzten Tage öffentlich kritisiert haben. Und in die Wehmut und Nachdenklichkeit der Menge pflanzt er einen Optimismus, der für ihn untrennbar mit dem Glauben verbunden ist: „Wir sehen, dass die Kirche heute lebt!", ruft er. Nach dem offiziellen Ende der Audienz sind die vielen Menschen sehr still. Einige Kardinäle weinen. Bis plötzlich von links Blasmusikklänge über den Platz wehen. Es ist eine Hymne, die Bayernhymne, gespielt von einer Blaskapelle aus Traunstein. Benedikt XVI., der Bayer auf dem Stuhl Petri, lauscht ergriffen.

Donnerstag, 28. Februar. Noch einmal trifft der Papst mit den Kardinälen zusammen. Persönlich will er sich von jedem Einzelnen verabschieden. Manche der Eminenzen wollen die Hände des scheidenden Pontifex gar nicht mehr loslassen, bis ihn der vatikanische Diener mit geflüsterten Worten auffordert, doch bitte zur Seite zu treten. Schließlich wollen die insgesamt 144 anwesenden Kardinäle ihrem Papst Lebewohl sagen. Nach diesen unzähligen kleinen Abschieden der letzten zwei Wochen folgt gegen 17 Uhr der endgültige. Im Damasushof steht die schwarze Mercedes S-Klasse mit dem Kennzeichen *SCV 1* bereit, Papst Benedikt zum Hubschrauber-Landeplatz zu bringen. Tarcisio Bertone, der nur noch drei Stunden lang Kardinalstaatssekretär sein und danach als Camerlengo die Geschäfte in der Sedisvakanz führen wird, verabschiedet den Heiligen Vater. Der Chauffeur kommt um die Karosse herum und drückt schluchzend die Hände des Papstes. In einer letzten Fahrt durch die Vatikanischen Gärten geht es in die äußerste Ecke des kleinen Staatsgebiets, wo bereits der Hubschrauber und Kardinaldekan Angelo Sodano warten, der sich als Letzter von Benedikt XVI. verabschiedet. Bevor er mit seinem Sekretär Georg Gäns-

Mater Ecclesiae, ein Kloster im Vatikan, wird der neue Wohnort von Benedikt XVI. Es wird zurzeit renoviert.

wein den Hubschrauber besteigt, dreht sich der Papst noch einmal um und winkt in die römische Abendsonne.

Es sind Gänsehautmomente,

wie zu mächtigem Glockenläuten in ganz Rom der Helikopter aufsteigt, am Petersdom vorbeifliegt, wo Hunderte in der Kuppel stehen und winken, bald den Vatikan und die Stadt hinter sich lässt und Richtung Castel Gandolfo fliegt. Gut eine Viertelstunde begleitet man den Hubschrauber mit den Augen und hört weiter die Glocken läuten. Auf dem Marktplatz in Castel Gandolfo schwillt der Jubel an, als die Tausende, die auch hierher gekommen sind, um Benedikt XVI. an seinem ersten Ruhesitz zu empfangen, den Hubschrauber hören. Hier in der päpstlichen Sommerresidenz wird in zweieinhalb Stunden das Pontifikat von Benedikt XVI. ganz leise enden, ein großes Pontifikat, weil da einer war, der es in seiner ganzen Zerbrechlichkeit vermocht hat, der Kirche und der Gemeinschaft aller Gläubigen in glaubensfernen Zeiten Halt und Orientierung zu geben.

Als Benedikt kurz nach 17.30 Uhr auf den Balkon des Palastes in Castel Gandolfo hinaustritt, breitet er die Arme ganz weit aus und sagt: „Ich bin nur noch ein einfacher Pilger, der die letzte Etappe seiner Pilgerreise auf dieser Erde beginnt. Aber ich möchte noch einmal mit meinem Herzen, mit meiner Liebe, meinem Gebet, meiner Meditation und allen meinen inneren Kräften für das Wohl aller und der Kirche, ja für die Menschheit arbeiten. Und dabei fühle ich mich getragen von eurer Sympathie. Gehen wir gemeinsam weiter, mit dem Herrn, für das Wohl der Kirche und der Welt."

DIE ZUKUNFT VON JOSEPH RATZINGER

Seine Heiligkeit Benedikt XVI.

Sein Name und seine Anrede
Auch nach Ende des Pontifikats behält der zurückgetretene Papst seinen Namen Benedikt XVI. Seine Anrede ist weiterhin *Eure Heiligkeit*.

Sein offizieller Titel
Der offizielle Titel von Benedikt XVI. lautet seit dem 28. Februar 2013 *Emeritierter Papst* oder *Römischer emeritierter Pontifex*.

Seine Kleidung
Das Gewand des emeritierten Papstes Benedikt XVI. ist ein einfacher weißer Talar ohne den typischen Schulterumhang, die Mozzetta. Seine roten Schuhe trägt er nicht mehr. Benedikt XVI. favorisiert ein Paar brauner Halbschuhe, die ihm während der Mexiko-Reise 2012 geschenkt wurden.

Sein Fischerring
Das Ende eines Pontifikats wird traditionell dadurch offiziell, dass der Fischerring eines Pontifex vom Camerlengo mit einem Hammer zerschlagen wird. Auch der Siegelring Benedikts XVI. wird unbrauchbar gemacht.

Seine Wohnung
Nach einer Übergangsphase von einigen Wochen in der päpstlichen Sommerresidenz Castel Gandolfo, wohin er sich am Tag des Rücktritts begeben hat, wird Benedikt XVI. eine Wohnung im Vatikan-Kloster *Mater Ecclesiae* beziehen. In dem Kloster an den Vatikanischen Gärten, das von Papst Johannes Paul II. gegründet wurde, lebten Ordensschwestern unterschiedlicher Gemeinschaften. Zurzeit wird es für Benedikt XVI. renoviert.

Sein Sekretär
Privatsekretär Erzbischof Georg Gänswein bleibt an der Seite Benedikts XVI. Er behält darüber hinaus seine Aufgabe als Präfekt des Päpstlichen Hauses, die ihm Benedikt XVI. erst im Dezember 2012 übertragen hatte.

Warum wir ein bisschen päpstlich bleiben

Im Jahr 2002 wurde Joseph Ratzinger zum Dekan des Kardinalskollegiums ernannt. In dieser Eigenschaft beerdigte er im April 2005 in einer anrührenden Feier unter den Augen der Weltöffentlichkeit Papst Johannes Paul II. Mehrfach hatte er den Papst um Entlassung gebeten. Er wollte in Regensburg wissenschaftlich arbeiten und den Lebensabend mit seinem Bruder Georg verbringen. Mit dem Tod des Papstes war sein Amt wie das der meisten hohen Behördenchefs im Vatikan automatisch erloschen. Nun musste er noch die Wahl des neuen Papstes leiten, dann würde er gehen können.

Zwar galt Kardinal Ratzinger spätestens seit der bewegenden Beerdigung Johannes Pauls II. durchaus als *Papabile*, auch wenn er nicht Papst werden wollte; zugleich hörte man in Rom Stimmen, die sagten, es sei „zu früh" für einen Papst aus Deutschland, denn noch leben Augenzeugen des Krieges und Überlebende des Holocaust.

Doch mit Joseph Ratzinger wurde ein Deutscher gewählt, sogar einer, der als Schüler gegen Kriegsende selbst noch zur Wehrmacht eingezogen worden war. Vom Ergebnis der Papstwahl am 19. April 2005 waren denn wohl auch die Deutschen am meisten überrascht. Das bis dahin Unvorstellbare war eingetreten; nun konnten Deutsche wieder alles werden: ein Durchbruch nicht nur für das katholische, sondern auch für das protestantische und das konfessionslose Deutschland. Nach dem politischen Ende der Nachkriegszeit – mit der Wiedervereinigung – war dies so etwas wie das gefühlte moralische Ende der Nachkriegszeit. Mit ihrer legendären Schlagzeile „Wir sind Papst!" brachte die *Bild*-Zeitung das Unverhoffte intuitiv auf den Punkt.

Auf dem Petersplatz, der seit Johannes Paul II. Ort vieler polnischer Fahnen gewesen war, sah man nun bald immer mehr bayerische und deutsche Flaggen. Beim Weltjugendtag in Köln im selben Jahr war es schon viel Schwarz-Rot-Gold, das nun auch in Deutschland selbst fröhlich mitgeschwungen wurde im Fahnenmeer aus der ganzen Welt. Das Fernsehen brachte dieses bunte Fest, bei dem Benedikt XVI. dabei war, in alle Wohnzimmer.

Bei der Fußball-WM 2006

in Deutschland, dem *Sommermärchen*, erfasste diese Stimmung das ganze Land. Nun waren Flaggen und Wimpel auch auf Straßenfesten, an Autos und Häusern zu sehen. Das hatte es in Deutschland seit dem Krieg nicht gegeben, und nach vielen Jahren eines eher verschämten Umgangs mit nationalen Symbolen war es nicht überraschend, dass sich deswegen im eigenen Land zunächst reflexartig viele kritische Stimmen regten. Aber diese deutschen Fahnen wehten nicht, so wie früher, gegen die anderen, sondern mit ihnen, und die europäischen Nachbarn reagierten erfreut auf die neue Normalität bei den Deutschen.

Wenn heute deutsche Sportler bei internationalen Wettkämpfen als Erste durchs Ziel gehen, ist es ein vertrautes Bild, dass sie die Fahne um die Schultern tragen. In anderen Nationen war das längst gang und gäbe; bei den Deutschen gab es das vor Benedikt XVI. nur in seltenen Ausnahmen. Schwarz-rot-goldene Flaggen hatte man jahrzehntelang vor allem in abgegrenzten Biotopen gesehen: bei Behörden, beim Militär, innerhalb von Fußballstadien, am rechten Rand. Der Fahne haftete etwas Fernes und auch etwas Verdächtiges an. Heute hingegen kennt man auch in Deutschland einen gelösten und entspannten Umgang mit den nationalen Farben. Zu dem positiven Wir-Gefühl, das sich darin ausdrückt, mussten die Menschen erst finden. Natürlich spielen bei so etwas immer viele Faktoren zusammen. Aber die Wahl des Deutschen Joseph Ratzinger zum Papst hat das Ihre dazu beigetragen.

Auch wenn Benedikt XVI. sich zurückgezogen hat, wird die neue Leichtigkeit des Deutschseins weiterwirken. Nun sind wir zwar nicht mehr Papst. Aber irgendwie bleiben wir doch noch ein bisschen päpstlich.

Burkhard Menke

Ein fröhlicher Dank in Schwarz-Rot-Gold: Die Deutschen haben sich verändert.

1932
Die drei Geschwister Maria, Georg und Joseph. Joseph (rechts) ist damals fünf Jahre alt.

„Ich will Kardinal werden“

Joseph Ratzinger hat auch als Papst seine Wurzeln nie vergessen. Seine Persönlichkeit und sein Glaube waren immer geprägt von den Erfahrungen in seiner bayerischen Heimat. Und bereits dort stand fest: Joseph Ratzinger wird es einmal weit bringen.

1938
Familienporträt der Ratzingers, die jetzt in der Nähe von Traunstein leben. Für die Brüder Joseph (ganz links) und Georg beginnt bald eine düstere Zeit.

1934
Die erste und zweite Klasse in Marktl: Noch ist Joseph Ratzinger (Kreis) ein Gesicht unter vielen.

Zu seinem 70. Geburtstag wurde Kardinal Joseph Ratzinger Ehrenbürger seines Geburtsortes Marktl.

1936

Erstkommunion des kleinen Joseph (Kreis) in der Pfarrkirche „Mariä Himmelfahrt" in Aschau am Inn.

Papst Benedikts Geburtshaus in Marktl ist heute Museum und Publikumsmagnet.

Der Karsamstag ist ein stiller Tag. Es ist der Tag der Grabesruhe Jesu. Am Karsamstag, dem 16. April 1927, wird in dem kleinen Dorf Marktl am Inn die Stille von dem Schreien eines Säuglings durchbrochen. Es ist frühmorgens Viertel nach vier, und die Eheleute Maria und Joseph Ratzinger halten ihren zweiten Sohn in den Händen. Vier Stunden später wird der kleine Bub getauft auf den Namen Joseph Aloisius.

Seine Geburt am Karsamstag hat Joseph Ratzinger immer als Zeichen begriffen. Damals wurde die Osternacht noch am Vormittag des Karsamstags gefeiert; erst die Liturgiereform verlegte sie zur Gänze auf den Abend oder die Nacht vor dem Ostersonntag. So also wurde Joseph Ratzinger „in der Osternacht“ geboren und als erster Säugling mit gerade geweihtem Taufwasser getauft – für ihn eine besondere Gnade: „Freilich – es war nicht Ostersonntag gewesen, sondern eben Karsamstag. Je länger ich nachdenke, desto mehr scheint mir das dem Wesen unseres menschlichen Lebens gemäß zu sein, das noch auf Ostern wartet, noch nicht im vollen Licht steht, aber doch vertrauensvoll darauf zugeht.“

1927
Joseph Ratzingers Eintrag ins Taufbuch seines Heimatortes Marktl am Inn.

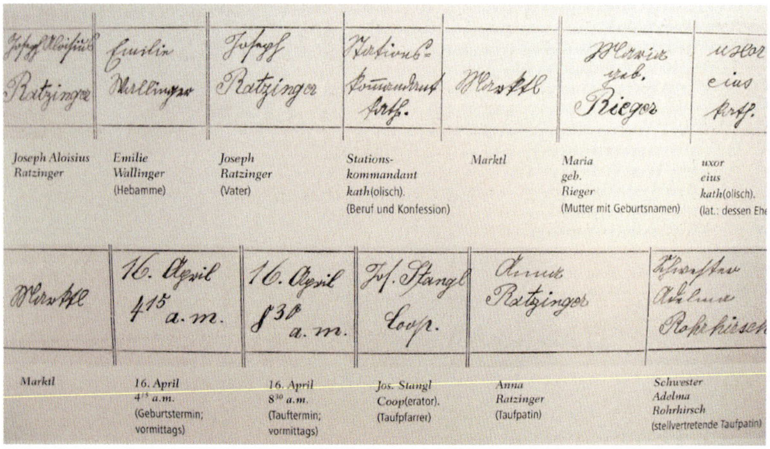

Dieses Urvertrauen lernt

der kleine Joseph schnell, er wächst in einem traditionell-katholischen Milieu auf. Sein Vater Joseph ist Gendarm, seine Mutter Maria eine Bäckerstochter aus Südtirol und gelernte Köchin. Sie wird ihre Kochkunst an Tochter Maria weitergeben, die damit später ihren fünf Jahre jüngeren Bruder Joseph lange Zeit als Haushälterin umsorgen wird. Das dritte der Ratzinger-Kinder ist Georg, er ist drei Jahre älter als Joseph.

Die Familie bleibt nicht lange in Marktl. 1929 siedeln die Ratzingers um nach Tittmoning nahe Burghausen an der österreichischen Grenze. Joseph besucht hier den Kindergarten und wird Tittmoning später als „Traumstadt“ seiner Jugend bezeichnen. Doch nach nur drei Jahren zieht die Familie erneut um, nach Aschau am Inn. Der ständige Ortswechsel, die wiederholten Umzüge prägen das Leben des kleinen Joseph. Nachdem sein Vater 1937 in Rente gegangen ist, hat das bayerische Nomadenleben ein Ende. Die Familie lässt sich auf einem Hof in Hufschlag in der Nähe von Traunstein nieder. Das Gehöft aus dem 18. Jahrhundert hatten die Ratzingers 1933 für 5500 Reichsmark erstanden; damals soll Vater Joseph angesichts der Machtergreifung Adolf Hitlers gesagt haben: „Jetzt kommt der Krieg, jetzt brauchen wir ein Haus.“

Die beiden Brüder verbringen ihre Freizeit auf ihre je eigene Art: „Bücher-Ratz" Joseph mit Lesen, „Orgel-Ratz" Georg mit Musizieren. Eines haben die Geschwister aber gemeinsam: Die beiden spielen leidenschaftlich gerne Priester. Ihre Mutter hat ihnen echte Gewänder genäht und Predigthefte geschenkt, die Brüder entwerfen sogar eigene Predigten. Joseph weiß schon recht früh, was er werden will. Beim Anblick des Münchner Kardinals Michael Faulhaber, der zufällig zu Besuch in der Gegend ist, ruft der damals Fünfjährige laut aus: „Das will ich auch werden!"

1943
Der 16-jährige Joseph wird widerwillig Flakhelfer.

Zunächst aber geht es 1939 auf das Internat in Traunstein. Das Zusammenleben in einer großen Gemeinschaft, die zudem viel Wert auf sportliches Können legt, liegt Ratzinger überhaupt nicht. Außerdem bestimmen die Nationalsozialisten das Leben der deutschen Bevölkerung. Schon vor Kriegsbeginn hatten die Ratzingers an Veranstaltungen der Hitlerjugend teilnehmen müssen, für sie und auch ihre Eltern ein Graus. Mit dem Übertritt auf das Seminar werden sie automatisch bei der HJ angemeldet. Vier Jahre später wird der 16-jährige Joseph, der ein Überflieger in der Schule ist, der Goethe und Schiller liebt und sogar eigene Gedichte schreibt, endgültig mit den Schrecken des Krieges konfrontiert. Die Traunsteiner Seminaristen müssen ab 1943 als Flakhelfer in Ludwigsfeld und Unterföhring bei München arbeiten.

Kurz vor Kriegsende wird Joseph nach Ungarn abkommandiert, diesmal als „echter" Infanterist. Allerdings schickt ihn sein Kommandeur nach Hause – ausgerechnet dort wird Ratzinger verhaftet. Die Amerikaner, die das Ratzinger-Haus als Basis beschlagnahmt haben, transportieren ihn nach Ulm. Dort bleibt Joseph Ratzinger, bis er am 19. Juni 1945 endlich heimkehrt. Er erinnert sich an den Moment, als er den elterlichen Hof betritt: „Es war die Zeit der größten Lebensmittelknappheit, aber unsere Mutter hat mir aus dem Garten frischen Salat, von unseren Hühnern ein Ei und ein großes Stück Brot geschenkt. So gut hat mir nie wieder eine Mahlzeit geschmeckt."

1946 beginnt Ratzinger das Studium an der Philosophisch-Theologischen Hochschule in Freising, ein Jahr später wechselt er für das Studium der Theologie nach Fürstenried, denn die Universität in München wurde im Krieg zerstört. Ratzinger verbringt in diesen Jahren eine intensive und glückliche Zeit, die er später so schildert: „Wenn ich auf die spannenden Jahre meines Theologiestudiums zurückschaue, kann ich mich nur wundern über all das, was heute über die ‚vorkonziliare' Kirche behauptet wird. Wir alle lebten in einem wohl schon in den 20er-Jahren aufgekommenen Gefühl des Aufbruchs, einer mit neuem Mut fragenden Theologie und einer Spiritualität, die Veraltetes und Verstaubtes abtat, um zu neuer Freude der Erlösung zu führen."

„Jetzt kommt der Krieg, jetzt brauchen wir ein Haus."

VATER JOSEPH RATZINGER ERWIRBT 1933 EIN GEHÖFT IN HUFSCHLAG BEI TRAUNSTEIN

„Der Mozart der Theologie“

So verneigte sich einmal der Kölner Kardinal Joachim Meisner vor dem späteren Papst Benedikt XVI. Als Berater des Zweiten Vatikanischen Konzils und als Professor in Bonn, Münster, Tübingen und Regensburg wird Joseph Ratzinger zum theologischen Star.

Der 9. November ist für die Deutschen ein Schicksalstag. Im Jahr 1963 ist es allerdings der Tag davor, der in die Geschichte eingeht. An diesem 8. November macht sich ein 76-jähriger, fast blinder Deutscher daran, eine der berüchtigsten Institutionen der katholischen Kirche zu attackieren. Kardinal Joseph Frings hält vor der 63. Generalversammlung des Zweiten Vatikanischen Konzils eine Rede, die das Heilige Offizium, früher die Heilige Inquisition, in einer nicht für möglich gehaltenen Art kritisiert. Die Worte, die der Kölner Kardinal auf Latein vorträgt, stammen allerdings nicht von ihm, sondern von einem Nachwuchstheologen. Sein Name: Joseph Ratzinger.

Als Kardinal Frings geendet hat, beginnt ein Teil der Konzilsväter zu applaudieren, der andere starrt mit versteinerten Mienen vor sich hin. Ein Kardinal erhebt sich, es ist Alfredo Ottaviani. Der geborene Römer gilt als lebende Legende und Anführer des konservativen Lagers. Mit hochrotem Kopf und zitternder Stimme ruft Ottaviani: „Mit lautester Stimme muss ich protestieren gegen diese Beleidigungen, die gerade gegen diese Höchste Kongregation, das Heilige Offizium, ausgesprochen worden sind. Sie geschahen aus Unwissenheit, um keinen härteren Ausdruck zu gebrauchen.“ Nach dem Rededuell spricht die Presse von einem „Kampf der Titanen“ und sieht als Sieger den deutschen Kardinal – und seinen jungen Berater Joseph Ratzinger. „Es ist nicht übertrieben, wenn man sagt, dass an jenem Tag das alte Heilige Offizium, wie es sich damals darstellte, von Ratzinger zerstört wurde – in Einheit mit seinem Erzbischof“, sagte später der katholische Theologe und Jesuit Henri de Lubac.

Der 24-jährige Kaplan Joseph Ratzinger bei einer Bergmesse nahe Ruhpolding im Jahr 1952.

Die Rolle Joseph Ratzingers während des Konzils ist oft analysiert worden. Besonders nach seiner Wahl zum Papst wollte man wissen, was Benedikt XVI. mit dem damaligen Konzilstheologen gemeinsam habe. Eine fruchtlose Diskussion, die den jungen Ratzinger zu einem Revolutionär machte, der er nicht war, und Benedikt XVI. zu einem Reaktionär, der er ebenfalls nicht war.

Richtig ist: Der damals 36-Jährige war ein theologischer Shootingstar. Nach seiner Studienzeit in Freising und München, vor allem bei Gottlieb Söhngen und Joseph Pascher, sowie der Priesterweihe am 29. Juni 1951 wurde Ratzinger 1953 zum Doktor der Theologie promoviert. Bereits zuvor hatte er am 1. Oktober 1952, nach Ablauf seiner Kaplanszeit in „Heilig Blut“ in München, eine Stelle als Dozent im Freisinger Priesterseminar angetreten. Nach seiner Promotion erfolgte 1957 die Habilitation. Bereits in dieser Zeit hatte sich Ratzinger einen Namen gemacht, sodass ihn ein knappes Jahr nach seiner Habilitation bereits der Ruf nach Bonn ereilte, auf den überaus prestigeträchtigen Lehrstuhl für Fundamentaltheologie.

Großer Tag für die Brüder Ratzinger: Am 29. Juni 1951 werden Joseph (r.) und Georg zu Priestern geweiht.

Über seine Zeit in Bonn, seine erste Station als ordentlicher Professor, schreibt Ratzinger in seiner Autobiografie *Aus meinem Leben*: „Am 15. April 1959 begann ich meine Vorlesungen nunmehr als ordentlicher Professor der Fundamentaltheologie an der Bonner Universität vor einer großen Hörerschar, die mit Begeisterung den neuen Ton aufnahm, den sie bei mir zu vernehmen glaubte.“ Seine Studenten sind tatsächlich begeistert; einer von ihnen, Roman Angulanza, wird so zitiert: „Er hat die Art, Vorlesungen zu halten, revolutioniert. Er las sie seiner Schwester Maria in der Küche vor. Sie war intelligent, hatte aber nicht Theologie studiert. Und wenn seiner Schwester die Vorlesung gefiel, war das für ihn ein Zeichen, dass sie in Ordnung war.“ Viktor Hahn, sein erster Doktorand, erinnert sich so: „Der Hörsaal war immer überfüllt. Die Studenten verehrten ihn. Er hatte eine schöne und einfache Sprache. Die Sprache eines Gläubigen.“

Joseph Ratzingers Erfolg

sprach sich schnell herum, der Kölner Kardinal Frings engagierte ihn schließlich als theologischen Berater für das Konzil. Vorausgegangen waren eine erste Begegnung und der Vortrag *Das Konzil und die moderne Gedankenwelt*, den Joseph Ratzinger geschrieben, Kardinal Frings am 19. November 1961 in Genua gehalten und Papst Johannes XXIII. über alle Maßen gelobt hatte. Frings war danach vollends von Ratzinger überzeugt und ließ diesem die Vorbereitungsakten für das Konzil zukommen. Über die sogenannten *Schemata* befand Ratzinger: „Sie wirkten etwas steif und eng, zu sehr an die Theologie der Schule gebunden, zu sehr das Denken von Gelehrten und zu wenig das von Hirten; man muss aber sagen, dass sie grundsolide und sorgsam erarbeitet waren."

Primizbild der Ratzinger-Brüder: Joseph feiert seine erste heilige Messe am 29. Juni, Georg am 8. Juli 1951.

Das Zweite Vatikanische Konzil

beginnt am 11. Oktober 1962 und wird für Ratzinger eine prägende Zeit. Er lernt viele brillante Nachwuchstheologen kennen, macht aber auch Erfahrungen wie die mit Ottaviani. Eine andere hat er in seiner Autobiografie geschildert. Sie stellt einen Schlüssel zu seinem Denken dar, zeigt, wie er die Theologie begriffen hat: Auf mehreren Seiten beschreibt Ratzinger das Ringen um das später *Dei Verbum* genannte Dokument. Im Zentrum der Diskussionen standen solche Fragen: Wie verhalten sich die Quellen der Offenbarung – Schrift und Überlieferung – zueinander? Ist in der Schrift alles enthalten, was man wissen kann oder nicht? Kann man auf die Überlieferung vertrauen oder zählt nur das, was die historisch-kritische Methode für gut befindet?

Für Ratzinger ist die Antwort auf diese Fragen klar: „Die Schrift ist das wesentliche Zeugnis von Offenbarung, aber Offenbarung ist etwas Lebendiges, größer und mehr – zu ihr gehört auch das Ankommen und Vernommenwerden, sonst ist sie eben nicht Offenbarung. (...) Wenn es aber diesen Überhang von Offenbarung über die Schrift hinaus gibt, dann kann nicht Gesteinsanalyse – historisch-kritische Methode – das letzte Wort über sie sein, sondern dann gehört der lebendige Organismus aller Jahrhunderte zu ihr." Diese Episode zeigt, was Exegeten am Wissenschaftler Ratzinger kritisiert und was viele Leser und Gläubige so begeistert aufgenommen haben. Der Theologe Ratzinger hat kein neues System begründet wie sein Konzilskollege Karl Rahner, mit dem er ein eigenes Arbeitspapier zum Thema entwarf, später aber konstatierte, dass man theologisch auf zwei „verschiedenen Planeten" gelebt hätte.

Eine rein empirische Beschäftigung mit den christlichen Kernthemen wie Trinität oder Auferstehung ist unmöglich. Gleichwohl ist Theologie, die „Rede von Gott", natürlich wissenschaftlich zu betreiben. Diese Überzeugung zieht sich wie ein roter Faden durch Ratzingers Denken. Sie mündet in die beiden Schlagworte *Glaube und Vernunft*, deren Verbindung die zentrale Position Ratzingers und Benedikts XVI. ausmacht: Weil Gott Vernunft ist, müsse auch der Glaube vernünftig sein. Zugleich aber könne weder die Ratio der alleinige Maßstab noch die Erfahrung das letzte Kriterium sein. Glaube und Vernunft bedingen einander und müssen im Einklang stehen, wie Ratzinger bereits als junger Professor in Bonn in seinem Seminar *Grenzfragen zwischen Naturwissenschaft und Glaube* erklärt hat.

Während seiner Zeit in Bonn und als Konzilsberater kristallisierten sich die Stärken des jungen Professors immer deutlicher heraus: neben der fachlichen Brillanz eine große Geduld, die Offenheit für nahezu jedes Thema

„Die Studenten verehrten ihn. Er hatte eine schöne und einfache Sprache. Die Sprache eines Gläubigen."

VIKTOR HAHN, ERSTER DOKTORAND VON PROFESSOR JOSEPH RATZINGER IN BONN (seine Studenten konnten fast alles bearbeiten, egal ob Nietzsche oder Augustinus) sowie ein besonderes pädagogisches Geschick. Gerade wegen dieser Qualitäten sollte ihn sein Weg aus der westdeutschen Hauptstadt wegführen. Hermann Volk war 1962 zum Bischof von Münster berufen worden und hatte deshalb den Dogmatik-Lehrstuhl in Münster aufgeben müssen. Als Nachfolger wünschte sich Volk Ratzinger, der aber aus Liebe zu Bonn zunächst nicht wechseln wollte: „Ich liebte das Rheinland, ich liebte meine Studenten und meine Arbeit an der Universität Bonn. (...) Aber Bischof Volk drängte, und Freunde redeten mir mit großem Nachdruck zu, dass für mich doch die Dogmatik das Richtige sei und ein viel weiteres Wirkungsfeld eröffne als die Fundamentaltheologie."

Am Ende gaben diese Gründe – und der stärker werdende Neid der Bonner Kollegen – den Ausschlag. Joseph Ratzinger wechselte im Sommer 1963 nach Münster. Seine Antrittsvorlesung trug den programmatischen Titel *Offenbarung und Überlieferung*.

Der Umzug nach Münster

hat neben der Begeisterung für die Dogmatik und der unguten Stimmung unter den Kollegen einen weiteren Grund: Seinen beiden orthodoxen Bonner Schülern Stylianos Harkianakis und Damaskinos Papandreou soll die Promotion in katholischer Theologie verwehrt, die Habilitationsschrift seines Studenten Johann Jacob Bachofen gar abgelehnt werden. Joseph Ratzinger erinnert dies an sein persönliches Trauma. Michael Schmaus, damals einer der bekanntesten Dogmatiker Deutschlands und Herausgeber des Standardwerkes *Der Glaube der Kirche*, hatte Ratzingers Habilitationsschrift abgelehnt. Dieser hatte sich dem Offenbarungsbegriff des Bonaventura gewidmet, schon damals also war das Thema Offenbarung für ihn zentral. Mit der Ablehnung hingegen hatte keiner gerechnet. Bis heute bleibt Schmaus' Entscheidung mehr als zweifelhaft. Ratzinger erinnert sich im Kapitel *Drama der Habilitation* seiner Autobiografie: „Ich war wie vom Donner getroffen. Eine Welt drohte für mich zusammenzubrechen. Was sollte aus meinen Eltern werden, die guten Glaubens zu mir nach Freising gekommen waren, wenn ich nun als Gescheiterter von der Hochschule gehen musste. Und meine eigene Zukunftsplanung, die sich wieder ganz auf das theologische Lehramt gerichtet hatte, war dann gescheitert."

Tatsächlich stand in jenen Tagen des Jahres 1957 die Karriere des Mannes, der später einmal der „Mozart der Theologie" genannt werden sollte, vor dem Aus. Ratzinger hat schließlich beschlossen, lediglich den zweiten Teil seiner Arbeit, der sich wesentlich der Geschichtstheologie des heiligen Franziskaners widmet, einzureichen. Es war die rettende Idee: Am 11. Februar 1957 wurde die Habilitationsschrift angenommen, wenig später war Ratzinger Professor. Trotz des glücklichen Ausgangs hat dieses Beinahe-Scheitern seiner akademischen Träume dazu beigetragen, dass Ratzinger Bonn den Rücken kehrte. Es schien, als habe die Erinnerung an jenes „Drama" ihm endgültig klargemacht, dass in Bonn nicht länger sein Platz sein würde.

In Münster dagegen fühlt sich Joseph Ratzinger schnell wohl. Zusammen mit seiner Schwester Maria bezieht er eine Wohnung in der Annette-Allee, direkt am Aasee. Der Neuankömmling ist begeistert von der aufgeschlossenen und offenen Atmosphäre in Münster. An der Universität trifft er erneut auf begeisterte Studenten und diesmal auch auf deutlich mehr Wohlwollen seiner Kollegen. Bei Spaziergängen, den Kolloquien mit seinen Schülern oder auch im Gasthaus *Himmelreich* pflegt er einen intensiven Austausch. In Münster lernt er beispielsweise den Indologen Paul Hacker kennen, der Ratzingers Wissen über den Hinduismus und damit seinen Vorlesungszyklus über Religionsgeschichte entscheidend prägt.

Beginn der akademischen Laufbahn: Joseph Ratzinger 1955 als Dozent in Freising (l.o.).

Höhepunkt Konzil: Ratzinger berät den Kölner Kardinal Joseph Frings (r.o.).

Konzilsgespräche: Joseph Ratzinger mit dem Wiener Kardinal Franz König.

Vom „Wunderkind" zum Theologen-Star: Joseph Ratzinger 1960 in Bonn.

Daneben wendet Ratzinger weiter viel Kraft und Zeit für das Zweite Vatikanische Konzil auf, das langsam in seine Endphase geht. So scheint alles perfekt und doch: „Ich begann, diese schöne und noble Stadt immer mehr zu lieben, aber es gab doch einen negativen Aspekt: die übergroße Entfernung zur bayerischen Heimat", gesteht Ratzinger in seinen Memoiren. Was er nicht verrät: Besonders seine Schwester Maria leidet unter dem Heimweh, möchte zurück in den Süden Deutschlands.

Insofern muss Ratzinger nicht lange überlegen, als er im Jahr 1967 das Angebot erhält, im schwäbischen Tübingen den zweiten Dogmatik-Lehrstuhl zu übernehmen. Eingefädelt hatte diese Offerte ein alter Bekannter, der Schweizer Theologe Hans Küng. Beide kannten sich von einer Dogmatik-Tagung aus Innsbruck und vor allem aus Konzilstagen, Küng war wie Ratzinger als Berater in Rom. Bis heute gibt es unterschiedliche Ansichten darüber, warum Küng Ratzinger nach Tübingen holen wollte. Manche vermuten, er habe ihn unterschätzt. Andere wiederum behaupten, er habe bewusst einen theologischen Antipoden gesucht, um den Studenten eine größere Meinungsvielfalt anzubieten. Wie dem auch immer sei: In Tübingen arbeiten jene beiden Männer zusammen, die später völlig gegensätzliche Wege gehen werden.

Zunächst genießt Joseph Ratzinger die fruchtbare interkonfessionelle Arbeitsatmosphäre. Die *Tübinger Schule* war besonders durch Johann Adam Möhler, einen Theologen des frühen 19. Jahrhunderts, berühmt geworden und die katholische Fakultät im beständigen Austausch mit der deutlich älteren evangelischen. Die Vorlesungen des neuen Professors sind auch hier Publikumsmagnete, die Mitschriften echte Verkaufsschlager. Ratzinger wiederum veröffentlicht auf Basis dieser Vorlesungen eines seiner berühmtesten Bücher überhaupt: die *Einführung in das Christentum*.

Mit diesem Werk schafft Ratzinger 1968 endgültig den Sprung zum theologischen Star.

Und dennoch: Auf dem ersten Gipfel seines theologischen Ruhms angekommen, stehen Ratzinger die schwierigsten Jahre seiner akademischen Laufbahn bevor. Denn die Studenten revoltieren in den Universitäten, der „Muff von tausend Jahren“ soll ausgetrieben werden. Zugleich bricht innerkirchlich etwas aus, das Ratzinger als „nachkonziliaren Triumphalismus“ brandmarkt. Auf dem Katholikentag in Bamberg erklärt er 1966: „Solange die Kirche auf Erden pilgert, hat sie keinen Grund, sich ihres eigenen Werkes zu rühmen. Solches Rühmen könnte gefährlicher werden als Pfauenwedel und Tiara, die uns ohnedies mehr zum Lächeln als zum Stolz veranlassen.“ Damit zielt er auf jene Konzilsteilnehmer ab, die sich für die Ergebnisse wie Sportstars feiern lassen und zugleich mit ihren Forderungen immer weiter gehen. So wie die Studentenrevolutionäre eine radikale Veränderung der Gesellschaft wollen, hegen viele Gläubige, Theologen und Priester die Hoffnung auf eine grundlegend neue Kirche. Zur Disposition steht praktisch alles, ohne Ausnahme. Manche Kritik im akademischen Raum ist berechtigt, andere überzogen. Die Situation spitzt sich zu, reguläres Lehren und Lernen werden fast unmöglich. An den Universitäten finden Hausbesetzungen statt, bei Vorlesungen werden „Volksprozesse“ abgehalten, in denen die Professoren wahlweise angeklagt oder niedergeschrien werden – für Joseph Ratzinger die Bankrotterklärung dessen, was er unter akademischem Leben und

„Ich hatte ein kleines Haus mit Garten bauen können, das meiner Schwester und mir ein rechtes Zuhause wurde, in dem mein Bruder gerne einkehrte. Wir waren wieder daheim.“

JOSEPH RATZINGER ÜBER DIE REGENSBURGER JAHRE

Zwei theologische Größen: Joseph Ratzinger mit Karl Rahner.

Reise ins Heilige Land mit dem Münchner Kardinal Julius Döpfner (ganz l.).

der *Universitas* versteht: „Ich habe das grausame Antlitz dieser atheistischen Frömmigkeit gesehen, den Psycho-Terror, die Hemmungslosigkeit, mit der man jede moralische Überlegung als bürgerlichen Rest preisgeben konnte, wo es um das ideologische Ziel ging. (...) Die blasphemische Art, in der nun das Kreuz als Sadomasochismus verhöhnt wurde, die Heuchelei, mit der man sich – wenn nützlich – weiterhin als gläubig ausgab, um die Instrumente für die eigenen Ziele nicht zu gefährden, das alles konnte und durfte man nicht verniedlichen oder wie irgendeine akademische Auseinandersetzung ansehen."

Die Jahre in Tübingen sind oft als Zäsur, gar als Bruch im Denken Ratzingers beschrieben worden. Bis dahin ein progressiver Vordenker, habe er sich unter dem Eindruck der Umbrüche zum Konservativen gewandelt, habe innerlich den Aufbruch des Konzils abgebrochen. Richtig daran ist, dass Ratzinger bestürzt über das Verhalten mancher Studenten und Kollegen war. „Es ging damals ordinär zu, und er ist übel behandelt worden. Er hat uns leid getan. Er war nie verlegen, sich argumentativ auseinanderzusetzen. Aber wenn es emotional zuging, wusste er nicht, was er machen sollte", erzählt Max Seckler, der bis 1967 Dekan in Tübingen war.

Mehr als persönliche Verletzungen

schmerzte Ratzinger allerdings die Art und Weise, wie das Konzil instrumentalisiert und die Botschaft Christi ideologisiert wurde. Inspiriert durch Ernst Bloch, der in Tübingen an der philosophischen Fakultät lehrte, wurden pseudo-christliche Theorien entwickelt. Der Bloch'sche Satz „Ubi Lenin, ibi Jerusalem" („Wo Lenin, dort Jerusalem") aus dessen Hauptwerk *Das Prinzip Hoffnung* war für Ratzinger eine

„Solange die Kirche auf Erden pilgert, hat sie keinen Grund, sich ihres eigenen Werkes zu rühmen."

JOSEPH RATZINGER AUF DEM KATHOLIKENTAG IN BAMBERG 1966

Pervertierung des jüdisch-christlichen Erbes und der Botschaft Christi. Insofern haben die Jahre in Tübingen ohne Zweifel Ratzingers Sicht auf das Zweite Vatikanische Konzil und die Kirche beeinflusst. Sie haben ihn möglicherweise etwas ernüchtert, mit Sicherheit hat er daraufhin auch einige Positionen verändert. Vielleicht haben sie ihn sogar skeptischer gemacht gegenüber manchen Neuerungen. Doch eine radikale Wende hin zum Erzkonservativen, die hat es so nie gegeben. Nicht durch die Erfahrungen Ende der 60er-Jahre in Tübingen und auch nicht danach.

Seine Zeit in Tübingen endet

1969, aus der schwäbischen Universitätsstadt zieht es ihn zurück in die geliebte Heimat. Joseph Ratzinger geht nach Regensburg. Es ist für alle eine Befreiung, für ihn selbst, seine Schwester Maria – und seinen Bruder Georg, der inzwischen Chorleiter der weltbekannten *Regensburger Domspatzen* geworden war. Der „Bücher-Ratz" und der „Orgel-Ratz", wie die beiden in Kindertagen genannt wurden, waren endlich wieder vereint.

Joseph Ratzinger erstand 1971 in Pentling bei Regensburg ein Haus, in das er mit seiner Schwester Maria einzog. Privat hatte er damit sein Zuhause eingerichtet, beruflich stand ihm das noch bevor. Die Theologische Fakultät war gerade erst gegründet worden, Ratzinger hatte Pionierarbeit zu leisten. Zeitgleich widmete er sich der Zeitschrift *Communio*, als deren Mitbegründer er mit Denkern wie Hans Urs von Balthasar, Karl Lehmann oder Albert Görres ein Gegengewicht darzustellen versuchte zu der Publikation *Concilium*, die 1965 von Theologen wie Hans Küng oder Yves Congar ins Leben gerufen worden war.

Ratzinger, der inzwischen Mitglied der Internationalen Theologischen Kommission in Rom war, genoss die Zeit in Regensburg, das mit seiner beschaulich bayerisch-gemütlichen Art einen willkommenen Gegensatz zu Tübingen darstellte: „Das Gefühl, immer deutlicher eine eigene theologische Sicht zu gewinnen, war wohl die schönste Erfahrung der Regensburger Jahre. Ich hatte ein kleines Haus mit Garten bauen können, das meiner Schwester und mir ein rechtes Zuhause wurde, in dem mein Bruder gerne einkehrte. Wir waren wieder daheim."

Und doch sollte das Heimatgefühl, diese berufliche wie private Idylle, schneller zu Ende gehen, als Joseph Ratzinger sich das hätte träumen lassen. Schon bald sollte er den Hörsaal für immer verlassen, die akademische Karriere beenden und eine ebenso rasante Laufbahn in der kirchlichen Hierarchie beginnen. Eine Laufbahn, die ihn nur wenige Jahre später via München nach Rom führen sollte. In genau die Behörde, die zu „zerstören" er selbst mitgeholfen hatte an jenem denkwürdigen 8. November im Jahr 1963.

Abschied aus Pentling und von seiner Schwester Maria: Joseph Ratzinger ist als Erzbischof nach München berufen worden. Sie folgt ihm später nach.

„Mitarbeiter der Wahrheit"

Nur fünf Jahre hat Joseph Ratzinger als Erzbischof und Kardinal in München verbracht. Und dennoch fallen in diese Zeit Ereignisse von entscheidender Bedeutung für die Kirche in Deutschland und der Welt.

Am 24. Juli 1976 trägt München Trauer, Kardinal Julius Döpfner ist tot. Tagelang hatte der Münchner Erzbischof über Schmerzen im rechten Arm geklagt und sich schließlich auf den Weg zu einer Klinik gemacht. Er schaffte es nur bis ins Pförtnerzimmer, dort brach er zusammen. Der alarmierte Notarzt kam zu spät, Döpfner war bereits einem Herzinfarkt erlegen. Die Bayern standen unter Schock, Döpfner war nach seiner Versetzung aus Berlin einer der beliebtesten Münchner Oberhirten aller Zeiten geworden. Erst langsam erholt sich das Bistum. Es dauert ungewöhnlich lange, ehe Nachfolge-Spekulationen beginnen. Genannt wird nicht selten der Name eines Theologieprofessors aus Regensburg: Joseph Ratzinger. Er selbst erinnert sich an diese Spekulationen so: „Bald kamen Gerüchte auf, dass ich unter den Kandidaten für die Nachfolge sei. Ich konnte sie nicht sehr ernst nehmen, denn die Grenzen meiner Gesundheit waren ebenso bekannt wie meine Fremdheit gegenüber Aufgaben der Leitung und der Verwaltung; ich wusste mich zum Gelehrtenleben berufen."

In Regensburg verlebte Ratzinger in diesen Jahren die vielleicht glücklichste Zeit seiner Professoren-Laufbahn. Trotz seiner Aufgaben als Dekan und Vizepräsident der Universität konnte er sich der Forschung und dem Schreiben widmen. Seine Vorlesungen waren beliebt, die Studenten bewunderten ihn. Zur Uni hatte er es nicht weit; Ratzinger wohnte in Pentling mit seiner Schwester Maria zusammen, oft war sein Bruder Georg zu Besuch. Für Joseph Ratzinger war es die perfekte Kombination, er fühlte sich wirklich zuhause: fachlich, in der Theologie und an der Universität. Und emotional, in Bayern und Regensburg. Insofern ist es

Wenige, aber entscheidende Jahre verlebte Joseph Ratzinger als Erzbischof von München und Freising.

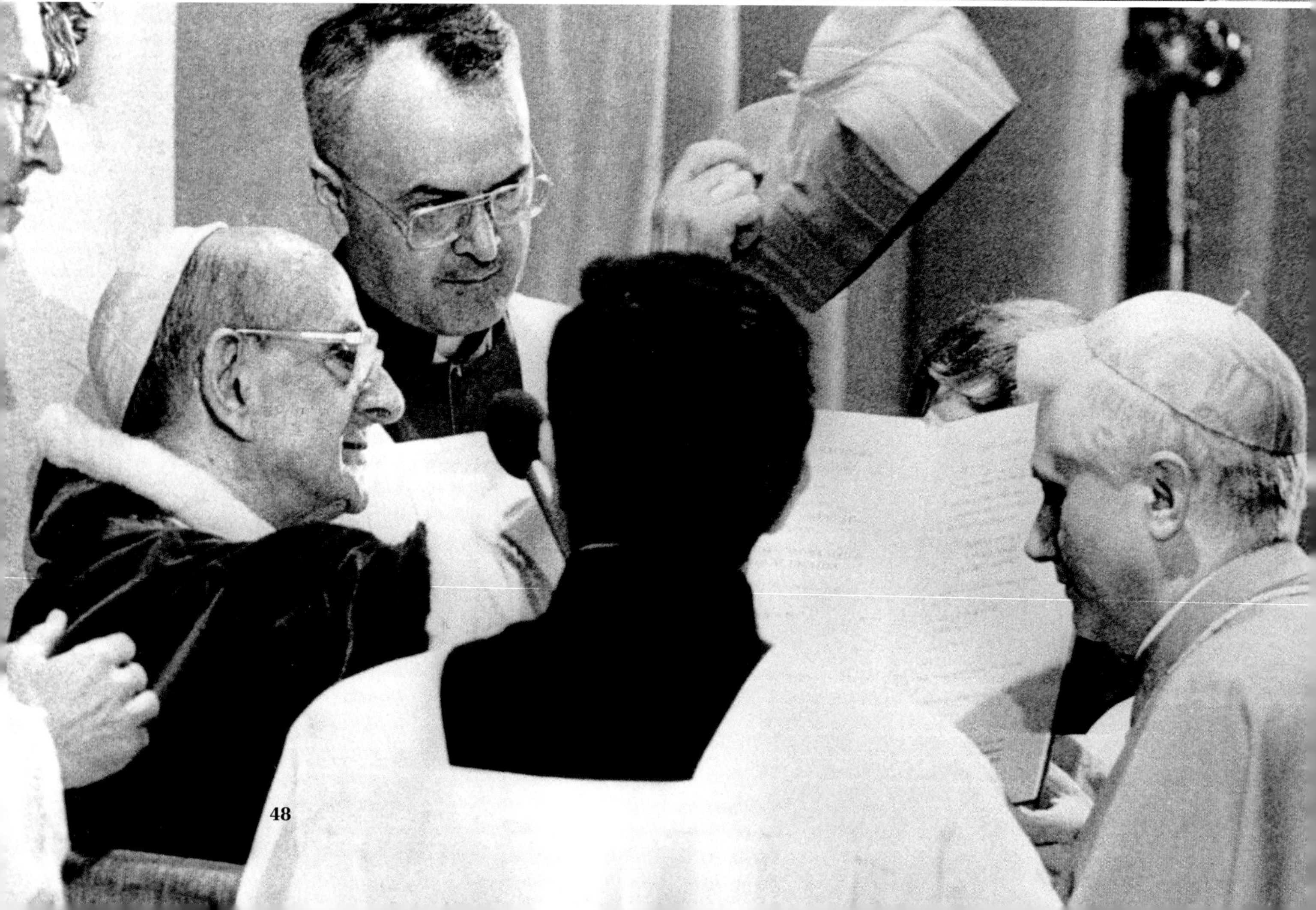

verständlich, dass der damals 49-Jährige keinen Gedanken darauf verschwendete, in der kirchlichen Hierarchie aufzusteigen. Der Stuhl des Erzbischofs von München und Freising war weit entfernt.

Das Jahr 1976 zieht vorüber.

Noch immer ist das Palais des Münchner Erzbischofs verwaist. Es wird März 1977, als Joseph Ratzinger in Regensburg hohen Besuch bekommt. Zu Gast ist Guido del Mestri, der Nuntius des Papstes. Die beiden Männer plaudern scheinbar ohne zwingenden Anlass, Ratzinger ahnt nichts. Bis ihm der Nuntius zum Abschied einen Umschlag überreicht, er möge ihn später öffnen. Ratzinger gehorcht und ist erschüttert: Der Umschlag enthält einen Brief von Papst Paul VI., der Ratzinger zum Nachfolger Kardinal Döpfners macht.

Ratzinger bittet um Bedenkzeit und seinen Beichtvater Johann Auer um dessen Rat. Der überzeugt ihn schließlich, dass er die Ernennung nicht ablehnen könne. Ratzinger gehorcht schweren Herzens und fügt sich dem Willen des Papstes. Sein Wahlspruch lässt bereits erkennen, dass ein Gelehrter den Hirtenstab übernommen hat. Er lautet: „Mitarbeiter der Wahrheit". Ratzinger wählt dieses Motto aus verschiedenen Gründen: „Zum einen, weil es mir die vereinigende Klammer zwischen meiner bisherigen Aufgabe und dem neuen Auftrag zu sein schien. Bei allen Unterschieden ging und geht es doch um das Gleiche, der Wahrheit nachzugehen, ihr zu Diensten zu sein. Und weil in der heutigen Welt das Thema Wahrheit fast ganz verschwunden ist, weil sie als für den Menschen zu groß erscheint und doch alles verfällt, wenn es keine Wahrheit gibt."

Diesem Zitat liegen viele Positionen zugrunde, die Ratzinger später zu Grundpfeilern seines pastoralen und publizistischen Wirkens machen wird. Besonders der Kampf gegen den Relativismus, der alles gleich gelten lässt und an eine Wahrheit nicht mehr glaubt, wird ihn Zeit seines Lebens beschäftigen. Er wird ihn zum unermüdlichen Mahner und Warner machen – das alles ist bereits aus seinem Wahlspruch zu lesen.

Der Tag der Bischofsweihe ist der 28. Mai, der Samstag vor Pfingsten. Die Luft ist wunderbar warm, und die bayerische Hauptstadt hat sich für ihren neuen Oberhirten herausgeputzt. Endlich ist das Warten vorbei, endlich hat München wieder einen Erzbischof. Nach der Messe in der Frauenkirche zieht Ratzinger zum traditionellen Gebet an der Mariensäule, dem Wahrzeichen Münchens. Als der neue Erzbischof niederkniet und die Mutter Gottes um Schutz für seine bayerische Heimat bittet, schluchzen manche Gläubige vor Glück. Joseph Ratzinger ist gerade erst angekommen und bereits ein kleines Stück ein Münchner.

Nach seiner Ernennung blieb Ratzinger nur fünf Jahre als Erzbischof. Er hat das Bistum in dieser kurzen Zeit nicht so prägen können, wie das seine Vorgänger Julius Döpfner oder Michael Faulhaber getan haben. Trotzdem erinnern sich nicht wenige an ihn als einen Bischof, der zwar erst in sein Amt finden musste, schließlich hatte er zuvor nur als Kaplan in Bogenhausen erste pastorale Erfahrungen sammeln können. Doch nach wenigen Monaten begann seine anfängliche Scheu zu weichen. Er wurde in den Begegnungen mit Gläubigen offener und herzlicher, er suchte mehr und mehr den Kontakt mit den Menschen. Andererseits machte er auch Reformen rückgängig wie das Experiment, die erste Beichte und die Erstkommunion getrennt stattfinden zu lassen. Der Vatikan hatte sein Veto eingelegt. Ratzinger gehorchte, manche Diözesanpriester nicht, es regte sich Unmut in den Gemeinden.

Diese Unruhe in der Erzdiözese wurde allerdings bald in den Schatten gestellt von den dramatischen Ereignissen des Jahres 1978. Am 6. August 1978 war Paul VI., Ratzingers päpstlicher Förderer, gestorben. 20 Tage später wurde Albino Luciani gewählt, der Patriarch von

Am 28. Mai 1977 wird Joseph Ratzinger zum Bischof geweiht. Sein Wahlspruch wird „Mitarbeiter der Wahrheit" (o.).

Knapp einen Monat nach der Bischofsweihe wird Erzbischof Ratzinger bereits zum Kardinal erhoben (u.).

1

2

„Bei allen Unterschieden ging und geht es doch um das Gleiche, der Wahrheit nachzugehen, ihr zu Diensten zu sein. Und weil in der heutigen Welt das Thema Wahrheit fast ganz verschwunden ist, weil sie als für den Menschen zu groß erscheint und doch alles verfällt, wenn es keine Wahrheit gibt."

ERZBISCHOF JOSEPH RATZINGER ÜBER SEINEN WAHLSPRUCH „MITARBEITER DER WAHRHEIT"

1 Joseph Ratzinger mit dem Vorsitzenden der Deutschen Bischofskonferenz, Kardinal Joseph Höffner.

2 Kardinal Ratzinger nahm 1978 gleich an zwei Konklaven binnen weniger Wochen teil.

3 Einst gefeierte Theologen, schließlich harte Gegner: 1979 wird Hans Küng die Lehrerlaubnis entzogen.

4 Höhepunkt seiner Münchner Amtszeit: Papst Johannes Paul II. besucht München im Jahr 1980.

3

4

Venedig – auch von Joseph Ratzinger, der bereits 1977 zum Kardinal erhoben worden war, knapp einen Monat nach seiner Weihe zum Erzbischof. An sein erstes Konklave als Wahlberechtigter hatte er nur positive Erinnerungen: „Ich war sehr glücklich. Einen so gütigen Mann mit einem so leuchtenden Glauben als Hirten der universalen Kirche zu haben, war eine Garantie dafür, dass alles gut gehen würde. Für ihn selbst war es eine Überraschung, und er war sich der großen Verantwortung wohl bewusst. Man konnte sehen, dass ihm das ein bisschen zu schaffen machte“, erinnerte sich Ratzinger einmal in einem Interview.

Luciani, der den Namen Johannes Paul I. annahm, sei kein Mann gewesen, der Karriere machen wollte, sondern der die Ämter, die man ihm übertragen hatte, als „Dienst und auch als Leiden“ empfand. Wahrscheinlich, weil er um seine angeschlagene Gesundheit wusste, vielleicht sogar, weil er ahnte, dass er den Belastungen nicht gewachsen sein würde. Und tatsächlich sollten Johannes Paul I. nur 33 Tage auf dem Stuhl Petri bleiben, ehe er am 28. September 1978 starb.

Kardinal Joseph Ratzinger befindet sich zu diesem Zeitpunkt auf einer Reise in Ecuador, die Nachricht vom Tod des „lächelnden Papstes“ ereilt ihn völlig unvorbereitet. Wieder geht es nach Rom zum Konklave, wieder muss ein neuer Papst gewählt werden. Für die Kardinäle ist es laut Ratzinger eine schwere Prüfung: „Es war ein schwerer Schlag gewesen. Gewiss, auch der Tod von Paul VI. hatte uns mit Trauer erfüllt. Aber Montinis Leben war ein erfülltes gewesen. Ein Leben, das einen natürlichen Abschluss gefunden hatte. (...) Dass die Vorsehung dann aber zu unserer Wahl ‚Nein‘ gesagt hatte, war wirklich ein schwerer Schlag.“

Die Kardinäle sind verunsichert; es ist klar, dass sie diesmal einen Kandidaten finden müssen, der die Kirche länger leitet und das durch schwierige Zeiten. Die Ungewissheit scheint die Versammlung zu lähmen. Die Kardinäle, so hört man, schwanken zwischen dem Konservativen Giuseppe Siri und dem Reformer Giovanni Benelli. In dieser Situation beginnen wohl die deutschsprachigen Purpurträger erneut eine wichtige Rolle zu spielen wie bereits beim Konklave zuvor. Und wieder ist es wohl der einflussreiche Wiener Kardinal Franz König, der einen entscheidenden Vorschlag einbringt: Man solle doch einen Kandidaten aus dem Osten Europas wählen, um so dem Kommunismus besser Einhalt gebieten zu können.

Kardinal Ratzinger ist unschlüssig.

Kurz vor dem Tod Pauls VI. hatte er in einem Interview die Wahl italienischer Päpste befürwortet: „Wenn wir heute auf die nationalistischen Empfindungen sehen, die in der Menschheit und unter den Christen fortdauern, wäre es neutral, in der Tradition der Jahrhunderte zu bleiben und einen italienischen Papst zu wählen, so dass dieser, im Respekt der Traditionen, seinem Amt keinen politischen oder nationalistischen Zug verleiht.“ Andererseits scheinen sich immer mehr der 111 Wähler den jungen Kardinal von Krakau, Karol Wojtyła, als neues Oberhaupt der Kirche vorstellen zu können. Im achten Wahlgang steht das Ergebnis fest, die Versammlung wählt nach 455 Jahren zum ersten Mal wieder einen Nicht-Italiener.

Mit der Wahl Karol Wojtyłas zu Papst Johannes Paul II. verändert sich auch Ratzingers Situation. Johannes Paul II. hatte einst die *Einführung in das Christentum* gelesen und war

> „Dass die Vorsehung dann aber zu unserer Wahl ‚Nein‘ gesagt hatte, war wirklich ein schwerer Schlag.“
>
> KARDINAL RATZINGER ZUM TOD JOHANNES PAULS I.

1982 verabschiedet sich Erzbischof Ratzinger aus München mit einem Besuch beim bayerischen Ministerpräsidenten Franz Josef Strauß und dem traditionellen Gebet an der Mariensäule.

beeindruckt von der analytischen Schärfe, der verständlichen Argumentation und Auslegung. So einer wäre perfekt für die Glaubenskongregation: „Gleich als er Papst wurde, hat er sich vorgenommen, mich als Präfekten der Glaubenskongregation nach Rom zu berufen. Er hatte ein großes, ganz herzliches Vertrauen in mich gesetzt. Sozusagen als die Gewähr dafür, dass wir im Glauben den richtigen Kurs fahren", wird Joseph Ratzinger später einmal erzählen. Bei ihren Treffen wiederholt Johannes Paul II. seinen Wunsch, so Ratzinger: „Der Papst hat mir dann einmal gesagt, dass er diese Absicht hat, mich nach Rom zu rufen. Ich habe ihm die Gegengründe dargestellt, und er hat mir gesagt: ‚Überlegen wir das alles noch einmal.'" Drei Jahre lang wird dieses Überlegen dauern, ehe Ratzingers Bedenken beruhigt sind und er seine bayerische Heimat verlässt. Zuvor aber wird er mit dem Fall eines alten Bekannten konfrontiert: dem Fall Hans Küng.

Die Personalie Küng beschäftigt

im Dezember 1979 nicht nur die Kirche in Deutschland. Auch in Rom beäugt man den Rebell aus Tübingen seit Jahren argwöhnisch. 1970 hatte er das Buch *Unfehlbar? – Eine Anfrage* veröffentlicht und einen Streit mit der Glaubenskongregation ausgelöst, in dem weder der Vatikan noch Küng hatten nachgeben wollen. Am Vormittag des 18. Dezember 1979 reagiert die Kirche. Und sie reagiert hart. Der Vorsitzende der Deutschen Bischofskonferenz, Kardinal Joseph Höffner, sagt auf einer Pressekonferenz: „Professor Hans Küng weicht in seinen Schriften von der vollständigen Wahrheit des katholischen Glaubens ab. Darum kann er nicht als katholischer Theologe gelten und nicht als solcher lehren."

Kardinal Ratzinger ist in Küngs Fall involviert, noch am 16. November hatte er dem ehemaligen Weggefährten einen Brief geschrieben. Doch durch die Verurteilung Küngs war der Bruch der beiden Theologie-Stars besiegelt. Eine Freundschaft war die Beziehung der beiden nie, dazu waren ihre Charaktere zu unterschiedlich. Die Ironie im komplizierten Verhältnis der beiden: Küng, der eher als Karrierist galt und früh Spitzenpositionen in der Universität eingenommen hatte, wurde mehr oder weniger zum Privatgelehrten. Ratzinger, der nicht aufsteigen und lieber bei seinen Büchern bleiben wollte, wurde Teil der kirchlichen Spitzenhierarchie.

Denn keine zwei Jahre nach dem Bann Küngs gibt Kardinal Joseph Ratzinger dem Werben Johannes Pauls II. nach. Der hatte ihn kurz zuvor noch einmal mit Vehemenz aufgefordert, sein Angebot endlich anzunehmen: „Nun muss ich Sie unbedingt in Rom haben!" Er sollte ihn haben. Der Bayer Ratzinger zieht in die italienische Hauptstadt. Am *Caput Mundi*, dem „Haupt der Welt", wird er Oberhaupt der Glaubenskongregation. Nur eines hat sich der neue Glaubenshüter als Bedingung ausgebeten: Er will weiter publizieren. Weiter mit seinen Büchern „Mitarbeiter der Wahrheit" sein. Auch als „Packesel des Herrn" in Rom.

„Die gesunde Lehre vorantreiben, die Irrtümer korrigieren und die Irrenden auf den rechten Weg zurückführen" – das war nach Kirchenrecht die Aufgabe Kardinal Ratzingers als Präfekt der Glaubenskongregation.

DER PRÄFEKT DER GLAUBENSKONGREGATION

Die Macht des Gewissens

23 Jahre war Kardinal Joseph Ratzinger als Präfekt der Glaubenskongregation der oberste Hüter der katholischen Lehre. In schwierigen Jahren für die Kirche prägte er das Amt wie keiner seiner Vorgänger.

Papst Johannes Paul II. vertraute Kardinal Ratzinger. Er ließ den Deutschen nicht ziehen, als dieser mit 75 Jahren seinen Rücktritt einreichen wollte.

Die Kolonnaden rund um den Petersplatz – Zentrum des Glaubens, Zentrum für Kardinal Ratzinger.

Die Kirche nicht zum Museum werden lassen – auch das hat Kardinal Ratzinger angetrieben.

Kardinal Ratzinger auf dem Petersplatz: Die schwarze Baskenmütze war in diesen Jahren sein Markenzeichen.

„Nun muss ich Sie unbedingt in Rom haben."

PAPST JOHANNES PAUL II. ZU KARDINAL JOSEPH RATZINGER

Gut drei Jahre hatte er sich gewehrt, ehe Kardinal Joseph Ratzinger am 25. November 1981 zum Präfekten der Glaubenskongregation ernannt wird. Knapp drei Monate später tritt Ratzinger sein Amt an und bezieht eine 300-Quadratmeter-Wohnung an der Piazza della Città Leonina, direkt gegenüber dem St.-Anna-Tor und den Bernini-Kolonnaden. Von dort aus überquert er jeden Morgen gegen neun Uhr den Petersplatz, mit der Aktentasche in der Hand und der schwarzen Baskenmütze auf dem Kopf, die sein Markenzeichen wird. Er begibt sich zur Glaubenskongregation, links neben dem Petersplatz und dem *Cancello Petriano*, um „die gesunde Lehre voranzutreiben, die Irrtümer zu korrigieren und die Irrenden auf den rechten Weg zurückzuführen", wie im kanonischen Recht über die Glaubenskongregation zu lesen ist. Eine Aufgabe, um deren Schwierigkeit *il tedesco*, der Deutsche, weiß: „Es gibt bekannte Vorstellungen davon, wie die Deutschen sind. Insofern liegt es nahe, Entscheidungen, die Missfallen erregen, doch auch der deutschen Sturheit anzuschreiben."

Lange bevor Ratzinger in Rom wirkt, beginnt sich eine Strömung in der katholischen Kirche zu formieren, die Ratzinger später enorme Schwierigkeiten bereiten wird. Anfang der 60er-Jahre beginnt der kolumbianische Priester Camilo Torres das Gebot der Nächstenliebe als Aufforderung zum Kampf gegen Unterdrückung und Ausbeutung zu interpretieren. Die Kirche habe die Pflicht, sich auf die Seite der Armen zu stellen. 1967 erscheint die Enzyklika *Populorum progressio* von Papst Paul VI., aus der Befreiungstheologen zitieren: „Wir müssen uns der gegenwärtigen Situation mutig stellen und ihre Ungerechtigkeiten tilgen und aus der Welt schaffen. Das Entwicklungswerk verlangt kühne bahnbrechende Umgestaltungen. Drängende Reformen müssen unverzüglich in Angriff genommen werden." Diese Sätze gelten vielen als päpstlicher Blankoscheck. Dabei wird das Entscheidende unterschlagen: „Jede Revolution – ausgenommen im Fall der eindeutigen und lange dauernden Gewaltherrschaft, die die Grundrechte der Person schwer verletzt und dem Gemeinwohl des Landes ernsten Schaden zufügt – zeugt neues Unrecht, bringt neue Störungen des Gleichgewichts mit sich, ruft neue Zerrüttung hervor. Man kann das Übel, das existiert, nicht mit einem noch größeren Übel vertreiben", so Paul VI. weiter.

Die Kirche will sich nicht vereinnahmen lassen. Die Sympathie mancher Befreiungstheologen für den Sozialismus macht sie misstrauisch. Es ist die Zeit des Kalten Krieges und des Kampfes gegen den Kommunismus als politische Manifestation des Atheismus. Theologen wie Leonardo Boff oder Gustavo Gutiérrez, der 1972 das maßgebliche Buch *Teología de la Liberación* veröffentlicht hatte, werden für die Kirche zu Unruhestiftern, in Lateinamerika dagegen zu Widerstandsikonen. Leonardo Boff etwa schreibt: „Die christliche Gemeinde selbst muss zum Werkzeug der Befreiung werden. Was interessiert, ist nicht die Theorie des Glaubens, sondern seine Praxis." Der neue Glaubenspräfekt Joseph Ratzinger fordert dagegen eine andere Fragestellung: „Wie kann Christentum, ohne politisch instrumentalisiert zu werden und ohne umgekehrt das Politische für sich zu vereinnahmen, zu einer positiven Kraft für dieses werden?"

1981 veröffentlicht Leonardo Boff sein Werk *Charisma und Macht*. Die Glaubenskongregation unter der Leitung Ratzingers reagiert spät, aber entschieden: 1985 wird Boff mit einem Redeverbot belegt. Boff lässt sich nicht beirren, predigt weiter und wird 1991 erneut von der Glaubenskongregation abgestraft. Ein Jahr später tritt der Brasilianer schließlich aus dem Orden der Franziskaner aus und wird Laie. Für viele ist das Verhalten des Vatikans im Allgemeinen und der Glaubenskongregation im Besonderen Beweis für die Unerbittlichkeit der Amtskirche. Ratzinger wird gar als „Rottweiler Gottes" geschmäht.

In den Folgejahren häufen sich Proteste: Der Streit um die Schwangerenkonfliktberatung stürzt Ratzingers Heimat, die deutsche Kirche, in eine tiefe Krise. Sie muss 1999 aus der Beratung aussteigen. Ein Jahr später der nächste Aufschrei im Land der Reformation: Die Glaubenskongregation stellt in der Instruktion *Dominus Iesus* klar, dass die evangelischen Kirchen keine Kirchen im eigentlichen Sinne seien. Ratzinger gilt fortan als Feind der Ökumene. Dabei wird übersehen, dass es Ratzinger ist, der 1999 die Verabschiedung der ökumenischen *Gemeinsamen Erklärung zur Rechtfertigungslehre* mit vorbereitet, auch wenn er nicht offiziell dafür verantwortlich ist. Unter seiner Ägide wird außerdem nach sechs Jahren harter Arbeit 1992 der *Katechismus der Katholischen Kirche* veröffentlicht, heute unverzichtbares Standardwerk. Vor allem aber ist Ratzinger der Mann, der die Glaubenskongregation von ihrem dunklen Ruf als Nachfolgeorganisation der Inquisition befreit, der sie der Welt öffnet und sogar die Archive, lange Bestandteil finsterer Legendenbildung, freigibt.

> „Für die Kirche ist es einfach wichtig, dass sie einerseits einen festen Stamm hat, der trägt und steht und tiefe Wurzeln hat, und dass sie andererseits ihre Äste weit ausspannen kann, so dass sich viele Leute auch mehr oder weniger nah an sie anhängen können."
>
> KARDINAL JOSEPH RATZINGER

Es gibt Sätze von Ratzinger,

die wirken in der Tat streng und schroff. Es gibt aber auch solche: „Ich glaube, für die Kirche ist es einfach wichtig, dass sie einerseits einen festen Stamm hat, der trägt und steht und tiefe Wurzeln hat, und dass sie andererseits ihre Äste weit ausspannen kann, so dass sich viele Leute auch mehr oder weniger nah an sie anhängen können – auch wenn Identifizierungen heute schwierig sind. Es müssen eben auch Vögel in diesem Baum nisten können, die nicht selbst zu diesem Baum gehören und daher auch immer wieder einmal wegfliegen."

Joseph Ratzinger ist ohne Zweifel der Glaubenspräfekt, der in seinem Amt die größte Wirkung entfaltet hat. Er gab die Linien vor, die Johannes Paul II. unterzeichnete. Linien, die vielen nicht weit genug führten und die manche nicht als Linien, sondern als Gräben betrachteten. Joseph Ratzinger war sich dessen bewusst und hat sein Amt oft als schwere Belastung empfunden. Als er 75 wurde, wollte er zurücktreten, Papst Johannes Paul II. aber beschied ihm schon im Vorfeld: „Sie brauchen diesen Brief gar nicht zu schreiben." So blieb Ratzinger, weil er sich verpflichtet fühlte.

Dazu passte, dass er sich in seinen letzten Jahren als Glaubenspräfekt vermehrt der Frage nach der Bedeutung des Gewissens zugewandt hatte. Die Schriften des „Großmeisters des Gewissens", Kardinal John Henry Newman, kannte er noch aus seiner Studienzeit. Newman hatte einst gesagt: „Wenn ich – was höchst unwahrscheinlich ist – einen Toast auf die Religion ausbringen müsste, würde ich auf den Papst trinken. Aber zuerst auf das Gewissen. Dann erst auf den Papst." Die Seligsprechung Newmans 2010 nahm Benedikt XVI. bei seiner Großbritannien-Reise persönlich vor, eine seltene Ehre – und für den Papst ein persönliches Anliegen, wie er einmal erklärt hatte: „Newmans Lehre vom Gewissen wurde für uns damals zu einer wichtigen Grundlegung des theologischen Personalismus, der uns alle in seinen Bann zog. Gerade weil Newman die Existenz des Menschen vom Gewissen her, das heißt im Gegenüber von Gott und Seele deutete, war aber auch klar, dass dieser Personalismus kein Individualismus ist und dass die Bindung an das Gewissen keine Freigabe in die Beliebigkeit hinein bedeutet – das Gegenteil ist der Fall."

Diese Bindung an das Gewissen

hat man dem Glaubenspräfekten Ratzinger oft vorgehalten, wenn man mit manchen Entscheidungen oder Lehren nicht einverstanden war. Er aber, und das ist entscheidend für sein Verständnis des Amtes als Glaubenspräfekt, hat sich immer gegen diese Trennung gewehrt: „So scheinen Gewissensmoral und Autoritätsmoral als zwei gegensätzliche Modelle im Kampf miteinander zu liegen", sagte er 1993. Das Gewissen Joseph Ratzingers verpflichtete ihn, seiner Aufgabe als „Mitarbeiter der Wahrheit" zu folgen und dadurch seiner Kirche zu dienen.

Insofern steht sein Dienst als Glaubenspräfekt in einer engen Verbindung zu seiner Rücktrittsentscheidung von 2013. Er habe wiederholt sein Gewissen vor Gott geprüft und dann entschieden, das Amt des Papstes aufzugeben – das Amt, über das er 1993 als Glaubenspräfekt in Anspielung auf Newmans „Toast"-Zitat geschrieben hatte: „Deshalb muss in der Tat der Toast auf das Gewissen demjenigen auf den Papst vorangehen, weil es ohne Gewissen gar kein Papsttum gäbe. Alle Macht ist die Macht des Gewissens."

Ein Höhepunkt im Amt: 1992 stellt Kardinal Ratzinger den Erwachsenenkatechismus vor, den er maßgeblich verantwortet hat (u.l.).

Konflikt mit der Heimat: Kardinal Ratzinger im Gespräch mit Bischof Karl Lehmann, dem Vorsitzenden der Deutschen Bischofskonferenz. Ende der 90er-Jahre ringt Rom mit Deutschland um die Schwangerenkonfliktberatung (u.r.).

„Wir sind Papst!“

Der Papst ist ein Deutscher! Benedikt XVI. zeigt sich am 19. April 2005 erstmals den jubelnden Gläubigen.

Nach dem machtvollen Pontifikat Papst Johannes Pauls II. und einem der kürzesten Konklaven der Geschichte wird Kardinal Joseph Ratzinger zum Papst gewählt und nennt sich Benedikt XVI. Das neue Oberhaupt der katholischen Kirche gibt sich in dieser historischen Stunde demütig und bescheiden, und ganz Deutschland jubelt.

Traunstein
gratuliert

warten, an den er sich von Gott gerufen fühlte. Am Samstag, dem 2. April, fiel Johannes Paul II. gegen 19 Uhr ins Koma. Zuvor hatte er mithilfe seines Sekretärs Stanisław Dziwisz noch einen kleinen Zettel geschrieben. Darauf stand: „Seid froh. Ich bin es auch!"

Der Petersplatz füllte sich immer mehr. 60.000 Menschen waren inzwischen gekommen. Sie bangten und beteten. Sie bangten um diesen großen Papst. Sie beteten, dass Gott ihn von seinem Leiden erlösen möge. Kurz vor 22 Uhr wurden diese Gebete erhört. Erzbischof Leonardo Sandri trat vor die Wartenden und sagte: „Um 21.37 Uhr ist unser Heiliger Vater in das Haus des Herrn zurückgekehrt."

Zur Beisetzung von Johannes Paul II.

kamen mehr als vier Millionen Pilger. Sie schliefen auf dem Petersplatz, warteten in endlosen Schlangen in der Via della Conciliazione, harrten vor Leinwänden auf der Piazza Navona aus. Sie alle wollten Abschied nehmen. Als der schlichte Sarg aus hellbraunem Zypressenholz auf einer roten Trage aus dem Petersdom getragen wird, klatschten die Menschen. Dann legten Prälaten ein in rotes Leder gebundenes Evangeliar auf den Sarg und schlugen es auf. Während des Gottesdienstes blätterte der Wind immer wieder in den Seiten.

Die berühmteste Schlagzeile des Jahrzehnts: Drei Worte reichen für ein Lebensgefühl.

Die Messe leitete Kardinaldekan

Joseph Ratzinger. Er hatte einmal über Johannes Paul II. gesagt, dass für ihn „das Kreuz" nicht einfach nur ein Wort sei. Wie sehr das stimmte, war am Ostersonntag zu sehen. Über eine Szene an diesem Tag sprach Kardinal Ratzinger während der Trauerzeremonie: „Für uns alle bleibt es unvergesslich, wie der Heilige Vater, vom Leiden gezeichnet, am letzten Ostersonntag seines Lebens noch einmal am Fenster des Apostolischen Palastes erschienen ist und zum letzten Mal den Segen *urbi et orbi* erteilt hat. Wir können sicher sein, dass unser geliebter Papst jetzt am Fenster des Hauses des Vaters steht, uns sieht und segnet."

Kardinal Ratzinger war ein langer Weggefährte des polnischen Papstes, er war über zwei Jahrzehnte lang oberster Glaubenshüter, ein Kenner der Kurie, einflussreich – und als Kardinaldekan in der Position, das Konklave einzuberufen, wichtige Sitzungen zu leiten und sich zu präsentieren. Kein Zweifel: Ratzinger führte die *Papabili* an. Auch wenn er als Benedikt XVI. schon bald darauf von der Last des Amtes sprechen sollte, so hinterließ er zumindest bei der Messe *Pro eligendo Romano Pontifice*, der Messe vor der Wahl des Papstes, die am 18. April das Konklave einleitete, einen nachhaltigen Eindruck auf viele Kardinäle der Welt. Seine eindrucksvolle Predigt, in der er die „Diktatur des Relativismus" anprangerte, galt nicht wenigen als Empfehlung. Ratzinger ging als Favorit ins Konklave, das eines der kürzesten der Geschichte werden sollte. 26 Stunden

Pallium, Fischerring und ungekrümmter Hirtenstab: Insignien des Papstes.

und vier Wahlgänge sollten den Kardinälen reichen; das hatte es lange nicht gegeben.

Auf der Benediktionsloggia strahlt

Benedikt XVI. Zum ersten Mal ist er es, der den Segen *urbi et orbi* spendet. Er winkt ohne Pause. Er lächelt. Auf dem Petersplatz stimmen sie den Sprechgesang an, der den deutschen Papst in den folgenden Jahren überall auf der Welt begrüßen wird: „Beee-ne-det-to! Beee-ne-det-to!" Glückwünsche aus aller Welt treffen im Vatikan ein. Besonders in Deutschland ist die Freude riesengroß. Bundespräsident Horst Köhler sagt, die Wahl „erfüllt uns mit großer Freude und auch ein wenig Stolz". Bundeskanzler Gerhard Schröder spricht von einer „großen Ehre für Deutschland". Joseph Ratzingers Geburtsort Marktl am Inn ist völlig aus dem Häuschen. Hier gibt es seit Tagen mehr Medienleute als Einwohner, der Bürgermeister schenkt Freibier aus und gibt Interviews auf Englisch. Es ist die *Bild*-Zeitung, die am Tag darauf die Gemütslage der Deutschen in achteinhalb Zentimeter große Lettern fasst, in drei Worte, die berühmt werden sollten: „Wir sind Papst!"

Für den neuen Papst beginnt ein straffes Programm. Am Morgen nach der Wahl zelebriert Benedikt XVI. seinen ersten Gottesdienst als Papst mit den Kardinälen in der Sixtinischen Kapelle. In der Glaubenskongregation, die Kardinal Ratzinger als Präfekt 23 Jahre lang geleitet hatte, verabschiedet er sich von seinen langjährigen Mitarbeitern. Er besichtigt die päpstlichen Privatgemächer im Apostolischen Palast, die nun renoviert werden. Auf ein leeres weißes Blatt Papier setzt er zum ersten Mal mit seiner winzigen Handschrift seine neue Unterschrift: *Benedictus PP XVI.* Der direkte Kontakt zu so vielen Menschen ist neu für ihn, und es scheint ihm zu gefallen. Er winkt aus der gepanzerten Mercedes S-Klasse mit dem vatikanischen Kennzeichen *SCV 1.* Er segnet Kinder. Die Menschen sind begeistert.

Vor 200 Monarchen und Staatschefs,

300.000 Gläubigen auf dem Petersplatz und Millionen Menschen via TV wird Benedikt XVI. am 24. April 2005 in sein Amt eingeführt und mit den päpstlichen Insignien ausgestattet: dem Pallium, einer wollenen Stola, und dem Fischerring, dem Symbol des Petrusamtes. Und wie schon in den vergangen Tagen macht der neue Papst deutlich, dass er seinen Weg auch in der Nachfolge von Johannes Paul II. sieht. Er beendet seine Predigt mit jenen Worten, die Karol Wojtyła mehr als 26 Jahre zuvor bei seiner Wahl zum Papst den Menschen zugerufen hatte: „Öffnet, reißt die Türen auf für Christus!"

„Öffnet, reißt die Türen auf für Christus!"

PAPST BENEDIKT XVI. ZITIERT WÄHREND SEINER EINFÜHRUNGSMESSE SEINEN VORGÄNGER JOHANNES PAUL II.

Benedikts Momente

In den knapp acht Jahren seines Pontifikats steuerte Papst Benedikt XVI. die Kirche konsequent und unbeirrt durch schwere See – und er sorgte für viele eindrückliche, schöne, fröhliche, wichtige, einfach unvergessliche Momente.

Glaube und Moderne

Ein großer Moment für die Kirche Spaniens: Bei seinem zweiten Besuch auf der iberischen Halbinsel weihte Benedikt XVI. am 7. November 2010 die noch unvollendete Basilika Sagrada Família in Barcelona. In seiner Predigt in der Kirche des Architekten Antoni Gaudí warnte der Heilige Vater vor einem Kampf des Glaubens gegen die Moderne. Diese Auseinandersetzung macht sich vor allem im traditionell katholischen Spanien bemerkbar, gilt jedoch für die gesamte säkularisierte Welt – und sie war eine der wesentlichen Herausforderungen im Pontifikat des Papstes aus Deutschland.

Die Anziehungskraft der roten Schuhe

Die roten Schuhe des Papstes sind in den Jahren des Pontifikats von Benedikt XVI. zum Symbol geworden. Sie standen für die scheinbar aus der Zeit gefallene Ikone der Boulevardmedien und der Werbung, für vermeintlichen Prada-Luxus am Heiligen Stuhl. Dabei hat der feine, zurückhaltende und wortmächtige Stellvertreter Christi alles getan, um nicht als Ikone zu erscheinen. Er ist zurückgetreten hinter seine alles überragende Botschaft. Am Tag nach der Rücktrittsankündigung fragte die *Bild*-Zeitung, ob Benedikt seine roten Schuhe behalten dürfe …

Gut behütet in päpstlicher Tradition

Trägt ein Papst eine andere Kopfbedeckung als den Pileolus, das weiße Scheitelkäppchen, oder die Mitra, ist die Aufmerksamkeit groß. Entweder präsentierte Benedikt ein Geschenk wie hier einen Sommerhut in Regensburg (gr. Foto) oder er musste sich mit einem Helm schützen. Allerdings war Benedikt XVI. auch aus päpstlicher Tradition gut behütet: Mal zeigte er sich mit dem Saturno im Sommer (kl. Foto l.) oder dem Camauro im Winter (kl. Foto M.).

Aus dem Fotoalbum des Papstes

(Von o.r. im Uhrzeigersinn) Die wichtigste Person im privaten Leben: Benedikt betet mit seinem Bruder Georg am Karsamstag 2012 im Vatikan. Der ranghöchste Mitarbeiter im Vatikan: Kardinalstaatssekretär Tarcisio Bertone. Der Salesianer ist nicht unumstritten und sorgte selbst für einige Stürme im Vatikan. Papamobil im Nebel: Manche Reise des Papstes war eine Reise ins Ungewisse. Leise Servus: Benedikt XVI. winkt zum Abschied aus dem päpstlichen Flugzeug.

Vorwort

Im Anfang war das Wort

Seine Manuskripte, Schriften und Bücher verfasste Papst Benedikt XVI. handschriftlich, immer mit Bleistift und in seiner unnachahmlichen Kombination aus winzigen Lettern und Steno. Auf diese Weise umfasst das Vorwort zum dritten Band seiner Jesus-Trilogie im Manuskript nur wenige Zeilen.

Freunde und Helfer

(Von o.r. im Uhrzeigersinn) Auch in geschwächtem Zustand scheute Benedikt XVI. keine Mühen, um die heilige Messe zu feiern. Allerdings musste er zuletzt ein Rollpodest benutzen. Der selige Freund: Am 1. Mai 2011 sprach Benedikt XVI. seinen Vorgänger Johannes Paul II. selig. Begegnung am Rand des Universums: Am 21. Mai 2011 sprach der Papst mit den Astronauten auf der Internationalen Raumstation ISS. Déjà-vu: 33 Jahre nach seiner eigenen Erhebung macht Benedikt XVI. den Münchner Erzbischof Reinhard Marx zum Kardinal.

Der Nachwuchs kommt aus Afrika

Im Pontifikat von Papst Benedikt hat sich fortgesetzt, was seit vielen Jahren zu beobachten ist: Die katholische Landkarte verändert sich, der Glaube findet neue Schwerpunkte auf der südlichen Halbkugel. Südamerika, Afrika und Asien werden katholischer, Europa dagegen wird schwächer. Für die Zukunft der Kirche warten hier ganz neue Herausforderungen.

Das Kreuz des Benedikt XVI.

Papst Benedikt XVI. hat während seines fast achtjährigen Pontifikats sein eigenes Kreuz getragen. In die Pflicht genommen als „Mitarbeiter der Wahrheit", konfrontiert mit außergewöhnlichen Prüfungen, Krisen und Vertrauensbrüchen, manchmal einsam in einer Kurie, die ihm fremd blieb. „Vom Kreuz steigt man nicht herunter", zitierte der Krakauer Kardinal Dziwisz Papst Johannes Paul II. und kritisierte damit Benedikt XVI. für dessen Rücktritt. Aber von welcher menschlichen Größe zeugt es, seine Grenzen einzugestehen und dann zu handeln, wie seit Jahrhunderten niemand mehr gehandelt hat!

Mit den Menschen über Gott sprechen – das war Antrieb für Papst Benedikt XVI.

Wo Gott ist, da ist Zukunft

Als Kardinal und Glaubenspräfekt hat Joseph Ratzinger katholische Leitlinien formuliert und vorgegeben. Als Papst Benedikt XVI. ist er diesen Linien weitergefolgt im Vertrauen darauf, dass es um alles geht: um die Zukunft des Glaubens und der Kirche.

Geisteswissenschaftler im Allgemeinen und Theologen im Besonderen sind weder für kurze noch einfache Sätze bekannt. Aber es gibt sie, die knappen, prägnanten, treffenden Aussagen. Papst Benedikt hat solch einen Satz einmal gesagt, er lautete: „Wo Gott ist, da ist Zukunft." Zwei Substantive nur und doch von einer Substanz, die verdeutlicht, was Benedikts theologisches Denken und Handeln gekennzeichnet hat.

„Wo Gott ist, da ist Zukunft", das war das Motto der dritten Heimatreise des deutschen Papstes im Jahr 2011 nach Berlin, Erfurt und Freiburg. Diesen Satz hatte Benedikt XVI. bereits 2007 den Pilgern im österreichischen Mariazell zugerufen. Vier Jahre später in Deutschland wird er zur offiziellen Losung des heimkehrenden Pontifex, der bei der Begrüßung im Schloss Bellevue das Ziel seines Besuchs erklärt: „Ich bin nicht in erster Linie hierhergekommen, um bestimmte politische oder wirtschaftliche Ziele zu verfolgen, sondern um den Menschen zu begegnen und mit ihnen über Gott zu sprechen."

Gott als Garant der Zukunft,

über den er mit den Menschen sprechen wollte: Das waren Motivation und Mission, Aufgabe und Antrieb von Papst Benedikt XVI. Daran mag er besonders gedacht haben, als er am 28. Juni 2010 bei der Vesper am Vorabend des Hochfestes Peter und Paul eine wichtige Neuerung ankündigte. Er zitierte zunächst das berühmte Paulus-Wort: „Wenn ich nämlich das Evangelium verkünde, kann ich mich deswegen nicht rühmen; denn ein Zwang liegt auf mir. Weh mir, wenn ich das Evangelium nicht verkünde." Dann fuhr der Papst fort: „Als ich dieses Erbe antrat, konnte ich zu Beginn meines Petrusdienstes bekräftigen, dass die Kirche jung ist und offen für die Zukunft. Und ich wiederhole es auch heute am Grab des heiligen Paulus: Die Kirche ist in der Welt eine gewaltige Kraft der Erneuerung, doch sie ist es nicht aus eigener Kraft, sondern durch die Kraft des Evangeliums, das vom Atem des Heiligen Geistes Gottes durchdrungen ist, Schöpfer und Erlöser der Welt. Der Mensch ist den Herausforderungen unserer Zeit nicht gewachsen, weder den historischen noch den sozialen, und schon gar nicht denen spiritueller Art." Deshalb, so Benedikt XVI. weiter, habe er beschlossen, „einen neuen Organismus in der Form eines *Päpstlichen Rates* ins Leben zu rufen, dessen Hauptaufgabe es sein wird, in jenen Ländern eine neue Evangelisierung voranzutreiben, wo zwar schon eine erste Verkündigung des Glaubens erfolgte und es Kirchen alter Gründung gibt, die aber eine fortschreitende Säkularisierung der Gesellschaft und eine Art ‚Finsternis des Sinnes für Gott' erleben."

Wenige Monate später folgte das offizielle Dokument zur Ankündigung, das Motu proprio *Ubicumque et semper (Überall und immer)*. *Motu proprio* bedeutet übersetzt „aus eigenem Antrieb" und ist ein Indikator für die Wichtigkeit eines Dokuments. Warum dieses spezielle Dokument so wichtig war, schrieb der Papst im ersten Satz: „Überall und immer hat die Kirche die Pflicht, das Evangelium Jesu Christi zu verkünden." Die Verkündigung ist im wahrsten Sinne des Wortes die Mission der Kirche, es ist ihr Wesen, ihr Sinn und ihr Zweck. Sie ist dazu berufen und gerufen, seit Jesus die Apostel zu den Menschen aussandte. Papst Paul VI. schrieb dazu in seinem berühmten Apostolischen Schreiben *Evangelii nuntiandi* Folgendes: „Evangelisieren ist in der Tat die Gnade und eigentliche Berufung der Kirche, ihre tiefste Identität." Im Evangelisieren also verwirklicht die Kirche ihr eigentliches Wesen. Die Kirche muss ständig von der evangelisierten zur evangelisierenden Kirche werden, sie darf diese Bemühungen nie einstellen.

Benedikt XVI. hat in seinen Reden

und Schreiben oft auf Pauls VI. *Evangelii nuntiandi* verwiesen, so auch in *Ubicumque et semper*. Das *Motu proprio* war seine Antwort auf die Fragen der Zeit. Fragen, die er bereits lange zuvor hatte kommen sehen. Als junger Professor formulierte er vor mehr als einem halben Jahrhundert Sätze, die schonungslos offen sind und die moderne Situation treffend abbilden: „Nach der Religionsstatistik ist das alte Europa noch immer ein fast vollständig christlicher Erdteil. Doch es gibt wohl kaum einen zweiten Fall, in dem jedermann so genau wie hier weiß, dass diese Statistik täuscht. (…) Der Mensch von heute kann als Normalfall den Unglauben seines Nachbarn voraussetzen." Zwar hatten auch seine Vorgänger Paul VI. und Johannes Paul II.

Mit dem Motu proprio *Ubicumque et semper* begann der Papst seine Initiative zur Neuevangelisierung.

> „Wo Gott groß wird, wird der Mensch nicht klein: Da wird auch der Mensch groß, und die Welt wird hell."

PAPST BENEDIKT XVI. BEI SEINER PREDIGT IN ALTÖTTING 2006

bereits über die Notwendigkeit nachgedacht, „auf den Moment der Krise des christlichen Lebens, die sich in vielen Ländern, vor allem auch jenen alter christlicher Tradition, ereignet, eine besondere Antwort zu geben". Aber erst Benedikt XVI. schuf als besondere Antwort eine Institution, die sich ausschließlich mit der Frage dieser Neuevangelisierung auseinandersetzen sollte, den *Päpstlichen Rat zur Förderung der Neuevangelisierung*. Es war die erste Neueinrichtung eines Päpstlichen Rates seit mehr als 20 Jahren – ein deutliches Zeichen für den Stellenwert der neuen Institution. An die Spitze berief der Papst Erzbischof Rino Fisichella, einen der profiliertesten Denker der italienischen Kirche, der sich als Chef der vatikanischen *Akademie für das Leben* bereits einen Namen in ethischen Grundsatzfragen gemacht hatte.

Der Start der Initiative war holprig.

Der Begriff „Neuevangelisierung" musste zunächst noch geklärt, das genaue Vorgehen des Rates erst definiert werden. Klar war, dass eine enge Abstimmung und Zusammenarbeit mit der *Kongregation für die Evangelisierung der Völker* nötig sein würde. Während diese in erster Linie *ad extra*, außerhalb der katholischen Welt, arbeitet, sollte der neugeschaffene Rat *ad intra*, nach innen, wirken. Beide Begriffe, *ad intra* und *ad extra*, waren während des Zweiten Vatikanischen Konzils benutzt worden, um das Wirken der Kirche zu erläutern. Basierend auf dieser Unterscheidung – die durch ein Schreiben des damaligen Kardinals Giovanni Battista Montini und späteren Papstes Paul VI. berühmt geworden war – schuf Benedikt XVI. mit dem Rat eine Institution, die die Funktion *ad intra* übernimmt, im Vertrauen darauf, dass gerade auf diese Weise *ad extra* gewirkt werden kann. Innen und Außen bedingen sich gegenseitig und sind nicht voneinander zu trennen. Wie das funktioniert, hat der verstorbene Aachener Bischof Klaus Hemmerle einmal so erklärt: „Das Gespräch *ad extra* ist Gespräch *ad intra*. Das Missionarische gehört wesenhaft zum Christlichen hinzu, aber dieses Missionarische heißt eben auch: den Weg Jesu mitgehen bis in die äußerste Entfernung, bis ins äußerste Warum. Gerade in diesem mit den Menschen geteilten Draußen erweist Jesus sein Innerstes Drinnen im Willen des Vaters."

Im Hören auf das ureigene Charisma

kommt die Kirche zu sich und schafft damit die Voraussetzung, in der Welt zu wirken – davon war Benedikt XVI. immer überzeugt. Von daher wird verständlich, wie der bayerische Papst sagen konnte: „Es gibt keine Neuevangelisierung ohne ein neues Pfingsten." Die Konzentration auf die Neuevangelisierung war für ihn automatisch eine Konzentration auf den Glauben und damit auf das Wesentliche.

Kurz gesagt: Um die Botschaft Christi verkünden zu können, muss man sie kennen. Um sie zu kennen, muss man sich mit ihr beschäftigen. Man muss sie durchdenken im Hinblick auf die aktuelle Situation, im Zusammenhang einer Zeit der Globalisierung. Das ist *Aggiornamento*, Modernisierung im Benedikt'schen Sinne, keine einfache Anpassung der Botschaft an die Welt, sondern ein Durchdenken und Durchforschen im Vertrauen darauf, dass die Essenz der Botschaft zu allen Zeiten wesentlich und aktuell ist. Vor diesem Hintergrund muss man sein vielleicht wichtigstes Werk zu diesem Thema, seine

Einführung in das Christentum, sehen. Entstanden aus der Begegnung mit Menschen, mit denen Joseph Ratzinger in seiner Tübinger Zeit gesprochen hatte, ist die *Einführung* eine Beschäftigung mit dem Glaubensbekenntnis und zugleich ein Bekenntnis des Glaubens an sich. Dieser Glaube, und das war für Benedikt XVI. entscheidend, könne in seinem Kern niemals verändert werden. Wer das tue, entleere ihn. Im Vorwort zu seiner *Einführung in das Christentum* hat der damalige Professor Joseph Ratzinger das genau konstatiert. Manche Theologie-Kollegen würden zwar noch zu den Menschen über Gott sprechen – allerdings indem sie elementare Glaubenssätze opfern würden, um es den Zuhörern angenehmer zu machen.

Ratzinger vergleicht diese Entwicklungen mit dem, was *Hans im Glück* tut. Hans tauscht im Märchen den Goldklumpen ein, weil er ihm zu schwer und unbequem ist. Am Ende steht er im wahrsten Sinne des Wortes erleichtert da, aber auch mit leeren Händen – Ratzinger bemerkt dazu: „Wird der arme Hans, der Christ, der vertrauensvoll sich von Tausch zu Tausch, von Interpretation zu Interpretation führen ließ, nicht wirklich bald statt des Goldes, mit dem er begann, nur noch einen Schleifstein in Händen halten, den wegzuwerfen man ihm getrost zuraten darf?"

Ratzinger geht davon aus, dass das Christentum den Goldklumpen bereits erhalten und in den Händen hatte. Die Offenbarung hat dem Menschen die Wahrheit, den Goldklumpen, gebracht. Die Tradition gab gewissermaßen den Goldklumpen von Generation zu Generation weiter. Der heutige Mensch in Europa habe aber, so die Analyse Ratzingers, zu weiten Teilen den Goldklumpen bereits hergegeben. Das heißt, dass in diesem Kontext Evangelisieren nicht meint, dass man etwas Neues im Sinne von Nie-Dagewesenem bringe. „Neu" bedeutet, dass man den Goldklumpen aufhebt, ihn wäscht und den Menschen erneut zeigt. Ob sie ihn annehmen, das sei zunächst dahingestellt.

Darauf fußt Ratzingers Argumentation. So ist es nur zu verständlich, dass Papst Benedikt XVI. mit den Menschen über den Glauben sprechen wollte, ohne ihnen nach dem Mund zu reden. Das wäre zwar einfacher gewesen. Aber eben nicht richtig, nicht wahr. Für Ratzinger wäre das dem Eintauschen des Goldes gleichgekommen.

Wer sich dem Wagnis Glauben stellt, wer es auf sich nimmt, dass „Glauben heißt, die Unbegreiflichkeit Gottes ein Leben lang auszuhalten", wie es der Theologe Karl Rahner ausgedrückt hat, kann wirklich glauben. Dazu gehört, sich existenziellen Fragen zu stellen wie nach dem Jüngsten Gericht oder dem ewigen Leben. In seinem Gespräch mit dem katholischen Schriftsteller Vittorio Messori *Zur Lage des Glaubens* hatte der damalige Glaubenspräfekt Ratzinger unter anderem gesagt: „In einem nicht geringen Teil der modernen Katechesen wird der Begriff ‚ewiges Leben' kaum noch erwähnt, das Problem des Todes nur gestreift (...). Aber den Tod nicht anzunehmen und nicht zu respektieren heißt, auch das Leben nicht anzunehmen und zu achten."

Die Frage nach dem Tod, der Auferstehung, aber auch Himmel, Hölle oder Fegefeuer waren für Benedikt XVI. Kernthemen des Glau-

„Nach der Religionsstatistik ist das alte Europa noch immer ein fast vollständig christlicher Erdteil. Doch es gibt wohl kaum einen zweiten Fall, in dem jedermann so genau wie hier weiß, dass diese Statistik täuscht."

PROFESSOR JOSEPH RATZINGER 1958

Gegen Ende seines Pontifikats berief Papst Benedikt XVI. den Regensburger Bischof Gerhard Ludwig Müller zum Präfekten der Glaubenskongregation. Hier beten die beiden in Regensburg im Jahr 2006.

bens, die Frage nach dem Ende die „Frage nach dem Wesen des Christlichen überhaupt". Wer sich aus Angst oder Bequemlichkeit diesen Fragen verweigere, glaube im eigentlichen Sinne nicht, so Benedikt XVI. Er bleibe bewusst unwissend, sozusagen „unmündig". Ein „mündiger Christ" dagegen setze sich mit diesen Fragen auseinander und widerstehe den Moden der Zeit. Noch in seiner Predigt vor dem Konklave, das er als Kardinal betrat und als Papst verließ, hatte Ratzinger betont: „‚Erwachsen' ist nicht ein Glaube, der den Wellen der Mode und der letzten Neuheit folgt; erwachsen und reif ist ein Glaube, der tief in der Freundschaft mit Christus verwurzelt ist." Dieser reife Glaube solle dem Christ helfen, sich der „Diktatur des Relativismus" zu widersetzen. Das Wegbrechen traditioneller Normen und Werte gehörte für Ratzinger zeitlebens zu den schwierigsten Herausforderungen unserer postmodernen Zeit. Man könnte sagen, in diesem Sinne müsse das Christentum unmodern sein.

Das klingt nach Aufgabe und Preisgabe, nach Kapitulation vor der Moderne und der Flucht in die Vergangenheit. Doch Ratzinger dachte anders. Nach seiner Freiburger Rede im Jahr 2011 rätselte ganz Deutschland über den Begriff der „Entweltlichung". Dabei hatte er ihn als gerade habilitierter Professor 1958 differenziert dargelegt: „Der Gegensatz von Kirche und Nicht-Kirche bedeutet nicht ein Nebeneinander und nicht ein Gegeneinander, sondern ein Füreinander, in dem jede Seite ihre Funktion besitzt. Den Wenigen, welche die Kirche sind, ist in der Fortführung der Sendung Christi die Vertretung der Vielen aufgetragen, und die Rettung beider geschieht nur in ihrer Zuordnung zueinander und in ihrer gemeinsamen Unterordnung unter die große Stellvertretung Jesu Christi, die sie beide umspannt."

Die Kirche kann nicht deckungsgleich mit dem Zeitgeist sein. Selbst dann nicht, wenn sie das Mitglieder kostet. Papst Benedikt XVI. hat es in Kauf genommen, dass die Zahl der eingetragenen Christen kleiner, zugleich aber die Zahl der überzeugten Christen wieder größer wird. „Entweltlichung" müsse demnach auf drei Ebenen betrachtet werden: der Ebene des Sakramentalen, der der Glaubensverkündigung und jener der persönlichen Verhältnisse zwischen Gläubigen und Ungläubigen. Demnach wäre es auf der Ebene der persönlichen Beziehungen „ganz verkehrt, aus der Selbstbegrenzung der Kirche, die für den sakramentalen Bereich gefordert wurde, eine Abkapselung des gläubigen Christen gegenüber seinen nichtgläubigen Mitmenschen ableiten zu wollen. (...) Der Christ soll gerade auch ein fröhlicher Mensch unter Menschen sein können, ein Mitmensch, wo er nicht Mitchrist sein kann. (...) So wird sich über kurz oder lang mit dem oder gegen den Willen der Kirche nach dem inneren Strukturwandel auch ein äußerer, zum *pusillus grex*, zur kleinen Herde vollziehen."

Diese kleine Herde

aber verschließt sich der Welt nicht, das sagt Ratzinger 1958 ganz klar. Im Gegenteil: Die Konzentration auf die eigene Botschaft war für Benedikt XVI. zugleich Dienst an der Welt. Nicht nur der Welt zu dieser Zeit, sondern der Welt zu jeder Zeit. Genau das meinte der Pontifex, als er in Altötting predigte: „Wo Gott groß wird, wird der Mensch nicht klein: Da wird auch der Mensch groß, und die Welt wird hell."

Neuevangelisierung war in den Augen des Papstes keine interne Bestandswahrung des Katholischen, sondern Teil des christlichen Dienstes an der Welt. Eine Welt, die wieder mehr glaubt, so das Kalkül, sei eine bessere Welt. Insofern ist die Neuevangelisierung so etwas wie die Grundvoraussetzung einer „reformierten" Welt in einem spirituell-religiösen Sinne: „Wenn der Glaube nicht neu lebendig wird, dann bleiben alle Reformen wirkungslos", sagte Benedikt XVI. in einer Ansprache an die Kurie zu Weihnachten 2011. Das war seine Replik an all die, die ihn – in manchen Bereichen wohl nicht ganz zu Unrecht – kritisiert hatten für ausgebliebene Veränderungen.

Der Papst war überzeugt:

Es macht keinen Sinn, die Zimmer in einem Haus neu zu streichen, wenn die Mauer nicht stabil ist. Das mag zwar eine Weile besser aussehen. Aber eben nur eine Weile. Benedikt XVI. dagegen hatte bereits als Präfekt der Glaubenskongregation und rechte Hand Johannes Pauls II. stets die Frage nach dem „Was bleibt?" gestellt und mit der Neuevangelisierungs-Initiative seine Antwort darauf gegeben.

Der Papst glaubte immer daran, dass der Glaube eine Zukunft hat. Mehr noch: dass der Glaube Zukunft *ist* und nur durch und im Glauben die Welt Zukunft hat. Damit verbunden war seine Hoffnung und Zuversicht, dass die Sehnsucht des Menschen, die Einsamkeit zu überwinden, in die gemeinsame Suche nach Gott münden kann, auch oder gerade in der globalisierten und digitalisierten Welt. Deswegen wollte Benedikt XVI. mit den Menschen über Gott sprechen. Er wollte den Glauben lebendig machen, und lebendig kann er nur sein, wenn er in und unter den Menschen lebt.

Mit der Leitung des Päpstlichen Rates zur Förderung der Neuevangelisierung beauftragte der Papst Erzbischof Rino Fisichella.

Gott, und das macht den Kern im Denken Ratzingers aus, ist ein personales „Du", vernünftig und zur Freiheit berufend, ein „Du", das der Mensch wirklich erleben kann. Keine Macht, die über allem thront, kein *Deus ex machina*, sondern: „Am Anfang des Christseins steht nicht ein ethischer Entschluss oder eine große Idee, sondern die Begegnung mit einem Ereignis, mit einer Person, die unserem Leben einen neuen Horizont und damit seine entscheidende Richtung gibt."

Glauben war aus diesem Grund

für Benedikt XVI. immer auch Mit-Glauben, das *Sentire cum Ecclesia,* das Fühlen mit der Kirche, tiefe Überzeugung. *Wer glaubt, ist nie allein* – das Motto seiner Bayernreise aus dem Jahr 2006 drückt aus, was Benedikt XVI. als Kind im bayerischen Katholizismus gelernt und weiter geglaubt und gelebt hat. Aus diesem Grund hat er 2012 ein *Jahr des Glaubens* angekündigt, in dem er beispielsweise das Lesen des Katechismus oder Besuche von heiligen Stätten empfahl. Und bereits beim Weltjugendtag 2011 in Madrid hatte der Heilige Vater gesagt:

> *„Glauben haben heißt, dass du dich auf den Glauben deiner Brüder stützt, und dein Glaube ist Stütze für den Glauben der anderen. Ich bitte euch, liebe Freunde: Liebt die Kirche, die euch zum Glauben geboren hat, die euch geholfen hat, Christus besser kennenzulernen, die euch die Schönheit seiner Liebe entdecken ließ."*

Benedikt war sich zwar stets bewusst, dass Glaube nicht gemacht werden kann. Das Vertrauen und die Hoffnung auf Gott ist kein Produkt, keine logische Folge aus vorherigen Aktionen. Es gibt keine Bauanleitung, um das Fundament des Glaubens zu legen: „Glaube ist nicht Frucht der menschlichen Anstrengung, nicht Ergebnis der Vernunft, sondern er ist ein Geschenk Gottes." Das Wissen um die Gnadenhaftigkeit des Glaubens entlasse den Menschen indes nicht aus der Verantwortung. Jeder Christ müsse sich um den Glauben bemühen, versuchen, ihn zu verstehen und zu vertiefen. Zugleich aber sei er angewiesen auf die Gnade Gottes und den Glauben anderer Menschen, die von ihrem Glauben Zeugnis ablegen. Ohne Zeugnis sei der Glaube tot, ohne Zeugnis verliere die Kirche ihr Charisma. Kirche müsse eine Gemeinschaft von mündigen Gläubigen sein, die Zeugnis von Christus ablegt und so anderen das Angebot macht, sich diesem Zeugnis zu nähern und selbst Zeugen zu werden. Das ist der Schlüssel zur Theologie Benedikts XVI., die untrennbar verbunden ist mit seinem Amtsverständnis und seiner Art und Weise, die Verkündigung der christlichen Lehre als Dienst an der Wahrheit zu sehen.

„Der Freimut des Apostels besteht darin", so schrieb er einmal, „in die vom Schein beherrschte Welt hinein die Wahrheit zu sagen, obwohl sie ihm zum ‚Kampf' wird." Papst Benedikt XVI. hat es mit den Aposteln gehalten und mit Paulus, dessen Erster Brief an die Korinther so weitergeht: „Weh mir, wenn ich das Evangelium nicht verkünde! Wäre es mein freier Entschluss, so erhielte ich Lohn. Wenn es mir aber nicht freisteht, so ist es ein Auftrag, der mir anvertraut wurde." Der Papst aus Deutschland hat sein ganzes Leben diesem Auftrag gewidmet. Seine Enzykliken, seine Bücher, seine Predigten, ja sogar seine Mittwochskatechesen sollten nur einem Ziel dienen: mit den Menschen über Gott zu sprechen. So wie es einer seiner Vorgänger, Papst Paul VI., in jenem Schreiben *Evangelii nuntiandi* formuliert hat: „Der heutige Mensch hört lieber auf Zeugen als auf Gelehrte, und wenn er auf Gelehrte hört, dann deshalb, weil sie Zeugen sind."

Benedikt XVI. war ein Gelehrter. Und er war ein Zeuge. Joseph Ratzinger, Benedikt XVI., war zeitlebens ein gelehrter Zeuge, der mit den Menschen über Gott sprechen wollte.

Liebe, Hoffnung, Wahrheit

Enzykliken sind die wichtigsten Schreiben des Papstes. Ihr Inhalt ist verpflichtend für die gesamte Kirche. Während seines knapp achtjährigen Pontifikats hat Papst Benedikt XVI. drei veröffentlicht.

Die erste Enzyklika von Benedikt XVI. beginnt mit dem Zitat aus dem Ersten Brief an Johannes: „Gott ist die Liebe, und wer in der Liebe bleibt, bleibt in Gott, und Gott bleibt in ihm." So kennt man diese Enzyklika, die am 25. Dezember 2005 veröffentlicht wurde, als *Deus caritas est.* Wie der Name sagt, steht die Liebe im Zentrum: „Die Liebe zu verwirklichen und damit das Licht Gottes in die Welt einzulassen – dazu möchte ich mit diesem Rundschreiben beitragen." Die Enzyklika analysiert grundlegende Begriffe wie *Eros, Agape* und *Caritas* auf ihre Bedeutung für den Glauben und den modernen Menschen hin.

Seine zweite Enzyklika widmet sich dem letzten Thema des paulinischen Dreiklangs Glaube, Liebe und Hoffnung. *Auf Hoffnung hin gerettet* lautet der deutsche Titel der Enzyklika vom 30. November 2007, im Original *Spe salvi.* Der Papst stellt das Christentum darin als grundoptimistische Religion dar: Weil der Grund des Christentums Christus sei und dieser Leid und Tod besiegt habe, sei das Christentum selbst von Beginn an eine Religion der Hoffnung.

Am 29. Juni 2009 erscheint Benedikts dritte und letzte Enzyklika, *Caritas in veritate.* Der deutsche Titel lautet: *Liebe in der Wahrheit.* In Zeiten der Finanzkrise schreibt der Heilige Vater über Themen wie soziale Gerechtigkeit, aber auch über ethische Fragen beispielsweise im Bereich der Embryonenforschung oder des Klonens: „Wenn man (Paul VI.) auf diesem Weg folgt, muss man heute feststellen, dass die soziale Frage in radikaler Weise zu einer anthropologischen Frage geworden ist, insofern sie die Möglichkeit selbst beinhaltet, das Leben, das von den Biotechnologien immer mehr in die Hände des Menschen gelegt wird, nicht nur zu verstehen, sondern auch zu manipulieren." Besondere Aufmerksamkeit erregt Papst Benedikts Forderung nach einer „echten politischen Weltautorität", der er weitreichende Befugnisse einräumen würde: „Eine solche Autorität muss (...) sich für die Verwirklichung einer echten ganzheitlichen menschlichen Entwicklung einsetzen, die sich von den Werten der Liebe in der Wahrheit inspirieren lässt. Darüber hinaus muss diese Autorität von allen anerkannt sein, über wirksame Macht verfügen, um für jeden Sicherheit, Wahrung der Gerechtigkeit und Achtung der Rechte zu gewährleisten."

Bei den mittwöchlichen Generalaudienzen auf dem Petersplatz oder in der Audienzhalle Paul VI. (Foto) erklärte Benedikt XVI. in Katechesen den Glauben.

Schuld und Sühne

Der Missbrauch von Kindern und Jugendlichen durch Priester und Ordensleute hat die katholische Kirche in den letzten Jahren schwer erschüttert. Auch der Papst war tief getroffen und stellte sich an die Seite der Opfer.

Seine Schritte wirkten jedes Mal noch schleppender. Die Last drückte Benedikt XVI. sichtlich zu Boden. Seine ohnehin schmalen Schultern schienen wie in einen Schraubstock gespannt, das Kreuz gebeugt, fast gekrümmt. Die müden Augen noch matter, als wäre trübes Wasser in einen klaren Teich geflossen. Der Papst war jedes Mal ein Bild des Leidens, das viel größeres Leiden gesehen und gehört hat. Jedes Mal, wenn sich Benedikt XVI. mit Männern und Frauen getroffen hatte, die von Angehörigen seiner Kirche misshandelt oder missbraucht worden waren, spürte man die Erschütterung des Heiligen Vaters. Nicht, dass er das Leiden hätte aufwiegen oder gar gutmachen können. Aber man konnte fühlen, dass dieser Papst in diesen Momenten mit den Opfern und an den Tätern litt.

Als sexuelle Übergriffe durch Priester, Ordensleute oder Angestellte in kirchlichen Einrichtungen bekannt wurden – massenhaft, jahrzehntelang, überall auf der Welt –, stürzte die katholische Kirche in eine der größten Krisen der Neuzeit. Die seelischen und körperlichen Verletzungen, die Mädchen und Jungen zugefügt wurden und Tausende Frauen und Männer bis heute quälen, sind abscheuliche Verbrechen. Man hat sich das nicht vorstellen können – schon gar nicht von Priestern! An jemanden, der als „Mann Gottes" gilt, werden höhere moralische Ansprüche gestellt als an viele andere. Insofern kam zu den erschütternden Taten das Entsetzen über die Mitglieder einer Institution, die mehr als nur eine Institution sein will. Die *heilige Mutter Kirche* hat vielen ihrer Kinder die Kindheit geraubt und das Leben als Erwachsener zerstört.

Papst Benedikt XVI. traf die Opfer: in den USA, in Großbritannien, auf Malta, in Australien, in Deutschland 2011. Er hat ihre Leidensgeschichten gehört, war erschüttert und ohnmächtig. Das geschehene Leid, das gab er zu, könne nicht wiedergutgemacht werden. Aber es könne geheilt werden, nicht durch ihn oder die Kirche, sondern durch Gott allein.

Reue und Gebet würden nicht ausreichen, das machte Benedikt XVI. deutlich. In einem Hirtenbrief an die irischen Katholiken schrieb der Heilige Vater: „Nur durch sorgfältige Prüfung der vielen Faktoren, die zum Entstehen der augenblicklichen Krise geführt haben, kann eine klare Diagnose ihrer Gründe unternommen und können wirkungsvolle Gegenmaßnahmen gefunden werden. Zu den beitragenden Faktoren sind sicherlich zu zählen: unangemessene Verfahren zur Feststellung der Eignung von Kandidaten für das Priesteramt und das Ordensleben; nicht ausreichende menschliche, moralische, intellektuelle und geistliche Ausbildung in Seminaren und Noviziaten; eine gesellschaftliche Tendenz, den Klerus und andere Autoritäten zu begünstigen; sowie eine unangebrachte Sorge um den Ruf der Kirche und die Vermeidung von Skandalen, die zum Versagen in der Anwendung bestehender kanonischer Strafen und im Schutz der Würde jeder Person geführt hat.“

Schwer erschüttert: Der Missbrauchsskandal in der Kirche hat Papst Benedikt XVI. sichtlich gezeichnet.

Dieser Brief wurde harsch kritisiert, von Politikern, aber auch Opfern oder Opfervertretern. Die Struktur der Kirche habe Missbrauch mindestens begünstigt, wenn nicht sogar gefördert. Das anzuerkennen und zu ändern, das habe der Papst nicht vermocht oder nicht gewollt. Das Versagen einiger Teile der Kirche bleibt – aber kann man Joseph Ratzinger und dann Benedikt XVI. persönliches Versagen vorwerfen? Unstrittig ist, dass es Joseph Ratzinger als Präfekt der Glaubenskongregation war, der anordnete, alle Verdachtsfälle nach Rom zu melden. Der Kardinal war der Erste, der klare Richtlinien zum Umgang mit Fällen von Missbrauch aufgestellt und die Verfahren zentralisiert hat. So sieht das auch der Trierer Bischof Stephan Ackermann, der seit 2010 Missbrauchsbeauftragter der Deutschen Bischofskonferenz ist. Er würdigt den Papst als „jemand, der eine ganz klare Position gezeigt hat, aber auch die menschliche Anteilnahme hat spüren lassen.“ Der Missbrauchsskandal sei „eine einschneidende Erfahrung dieses Pontifikats“, in der der Papst Geschichte von Kirche habe aufarbeiten müssen. „Das tut er an seiner Stelle mit klaren Prinzipien, mit klaren Anweisungen an die Weltkirche.“

Während seines Pontifikats hat Benedikt XVI. die Aufarbeitung vorangetrieben. Sogar wichtige Kritiker wie der Vatikan-Kenner Marco Politi attestieren dem Papst ein konsequentes und transparentes Vorgehen. Im Hirtenbrief an die irischen Katholiken schrieb Benedikt XVI. an die Täter, sie sollten sich den „Forderungen der Rechtsprechung“ stellen, und er betonte: „Gottes Gerechtigkeit ruft uns dazu auf, Rechenschaft über unsere Taten abzulegen und nichts zu verheimlichen. Gebt offen zu, dass ihr schuldig seid.“

„Gottes Gerechtigkeit ruft uns dazu auf, Rechenschaft über unsere Taten abzulegen.“

PAPST BENEDIKT XVI. IN EINEM HIRTENBRIEF AN DIE IRISCHEN BISCHÖFE

Weltjugendtag in Köln vom 16. bis 21. August 2005

Blick über den Rhein: Kurz nach seiner Wahl kam der Papst zum Weltjugendtag nach Köln.

Der Papst ist zuhause

Dreimal kam Benedikt XVI. nach Deutschland: Es waren emotionale Besuche in seiner Heimat, die den Papst tief bewegten und jedesmal Hunderttausende Gläubige begeisterten.

1

2

3

WELTJUGENDTAG IN KÖLN VOM 16. BIS 21. AUGUST 2005

„Eine liebevolle Geste der Vorsehung"

Nur wenige Monate nach seiner Wahl führt die erste Auslandsreise Benedikt XVI. zum Weltjugendtag nach Köln: Eine Million Menschen sind begeistert von „ihrem" Papst.

Am Anfang war das Wort. Das Wort, das der neue Papst Benedikt XVI. seinem Landsmann, Kardinal Joachim Meisner, direkt nach der Wahl gegeben hatte: „Du, ich komme gern nach Köln!" Damit versprach der erste deutsche Papst seit fast 500 Jahren, er würde zum Weltjugendtag im August 2005 in seine Heimat kommen. Er hielt sein Wort.

Die 20. Auflage des Weltjugendtages ist die erste auf deutschem Boden. Das Motto der Tage in Köln lautet: „Wir sind gekommen, um IHN anzubeten." Es erinnert an den Besuch der Heiligen Drei Könige an der Krippe. Eine fromme Tradition verehrt die Reliquien der Könige im Kölner Dom.

Es ist beeindruckend, wie Köln und die Jugendlichen auf den neuen Papst reagieren. Mit Freude und Begeisterung. Benedikt XVI. dagegen tut sich zu Beginn noch schwer mit seiner neuen Rolle als Publikumsliebling. Das verwundert jedoch nicht, wenn man erstens sein Naturell kennt und zweitens die Skepsis, die dem ehemaligen Glaubenspräfekten jahrzehntelang aus seiner Heimat entgegengeschlagen war.

Doch hier in Köln ist alles anders.

Ein Jahr später, bei der Fußball-Weltmeisterschaft, wird ein Slogan zum Sinnbild werden. Doch eigentlich gilt bereits in den Tagen vom 16. bis 21. August 2005 der Satz: „Die Welt zu Gast bei Freunden." Mehr als 800.000 registrierte Pilger kommen aus 193 Ländern, dazu fast 10.000 Priester und 759 Bischöfe. Die Atmosphäre ist fröhlich und friedlich, selbst der Schock zum Auftakt kann überwunden werden: Am 16. August wird Frère Roger ermordet. Der Gründer von Taizé fällt einem Messerattentat zum Opfer. Das Abendgebet, das in seinem Gedenken gefeiert wird, ist einer der emotionalen Höhepunkte des XX. Weltjugendtages. Der andere ist der Augenblick, als Papst Benedikt XVI. auf einem Schiff stehend am 18. April den Rhein abwärts in die Stadt fährt. Es ist Benedikts erste Auslandsreise als katholisches Kirchenoberhaupt, und bei der Ankunft sagt er: „Ich sehe es als eine liebevolle Geste der Vorsehung an, dass sie es eingerichtet hat, dass mein erster Besuch außerhalb Italiens in meinem Vaterland stattfindet."

Zur Abschlussmesse auf dem Marienfeld kommen mehr als eine Million Menschen, es ist der größte Gottesdienst auf deutschem Boden. Die Gläubigen lauschen der Predigt Benedikts XVI. – und verabschieden ihn mit frenetischen Sprechchören, die ihn von nun an immer und überall begleiten werden: „Be-ne-detto, Be-ne-detto!"

1 Jubelnde Massen empfangen den Papst begeistert in Köln.

2 Zum Weltjugendtag sind Gläubige aus aller Welt gekommen.

3 Was für eine Nacht! Pilger feiern Vigil mit dem Papst auf dem Marienfeld.

Der Papst in Bayern vom 9. bis 14. September 2006

Ganz Bayern ist im Papstfieber: Junge, Alte, Trachtler, Touristen und Nonnen freuen sich auf die spektakuläre Heimkehr von Benedikt XVI., den viele hier noch als Ratzinger Sepp kennen (l.).

Zünftiger Abschied: Papst Benedikt XVI. bekommt noch ein kleines Gedicht mit auf den Heimweg, der Tölzer Knabenchor singt, eine Trachtenkapelle spielt wieder die Bayernhymne, und der damalige bayerische Ministerpräsident Edmund Stoiber strahlt. Die letzten Worte von Papst Benedikt XVI. an seine bayerischen Landsleute lauten: „Vergelt's Gott und auf Wiedersehen, so Gott will."

Papst Benedikt XVI. in Bayern
Wer glaubt
ist nie allein

Brot
Benedikt
Schnitte
Benedikt
Torte

DEUTSCHLAND
LiEBT
DiCH

DANKE
KLAUS
THEO
OPA
LIOBA
JONAS
OMA

1

2

3

4

5

DER PAPST IN BAYERN VOM 9. BIS 14. SEPTEMBER 2006

„Mein Herz schlägt bayerisch"

Im September 2006 kommt Papst Benedikt XVI. erstmals nach seiner Wahl in seine bayerische Heimat. Es ist eine bewegende Reise zu den Wurzeln seines Lebens – und seines Glaubens.

G*ott mit dir, du Land der Bayern"*, so beginnt die Bayernhymne. Als sie am 9. September 2006 erklingt, ist es ein besonderer Moment für den stolzen Freistaat; der seit einem Jahr berühmteste Sohn des Landes kommt nach Hause: Papst Benedikt XVI., geboren als Joseph Ratzinger in Marktl.

Wenn ein Wort den Bayernbesuch beschreibt, dann: *Heimspiel*. Auf keiner Reise zuvor oder danach wirkt der Pontifex so gelöst, so offen, so heiter. Wo er auch hinkommt, trifft er auf Menschen, die seinen Dialekt sprechen, die wie er geprägt sind vom traditionell-bayerischen Katholizismus. Der Papst bereist die Orte seiner Jugend und seiner Anfänge als Priester und Professor.

Die Reise beginnt in München, wo er als Erzbischof und Kardinal ein erstes Mal Verantwortung in der Kirchenleitung hatte. Bei dem Gebet an der Mariensäule im Zentrum Münchens, am Marienplatz, stehen alte Frauen in der ersten Reihe. Sie haben Primizbildchen in der Hand, die den jungen Joseph Ratzinger mit seinem Bruder Georg zeigen. Viele von ihnen erinnern sich an den Ratzinger Sepp, einige weinen vor Rührung. Der Papst selbst ist ebenfalls bewegt, als er auf das Podest steigt, auf dem er vor mehr als 30 Jahren Abschied von seiner bayerischen Heimat nahm. Nach dem Gebet singen alle erneut die Bayernhymne – und sogar die in Hamburg geborene Bundeskanzlerin Angela Merkel summt mit.

Die Heimkehr des Joseph Ratzinger

prägt in den folgenden Tagen das Leben in Bayern. Nach der großen Messe in München-Riem folgt die kleinere auf dem Kapellplatz in Altötting. Dort hatte der junge Joseph in der Gnadenkapelle zur *Schwarzen Madonna* gebetet, dort bekam er das wesentliche Fundament seiner bayerisch geprägten Frömmigkeit. Dieser Glaube, dieser Optimismus spricht aus ihm, als er predigt: „Wo Gott groß wird, wird der Mensch nicht klein: Da wird auch der Mensch groß, und die Welt wird hell."

Am Tag danach geht es nach Regensburg, wo der Papst an seiner alten Universität eine Vorlesung hält. Sie geht als *Regensburger Rede* in die Geschichte ein und sorgt aufgrund eines missverstandenen Islam-Zitats für Aufruhr in der arabischen Welt. Die Proteste werden anhalten und zur ersten Krise im Pontifikat von Benedikt XVI. führen. Die Heimatreise des bayerischen Papstes allerdings geht harmonisch und euphorisch weiter, und am Ende der Abschlussmesse in Freising spüren alle, wie das Motto des Besuchs gemeint ist: *Wer glaubt, ist nie allein.*

1 Ein strahlender Papst nach dem Gebet an der Münchner Mariensäule.

2 Benedikt XVI. spricht mit dem damaligen Bundespräsidenten Horst Köhler.

3 Einmal den Papst anfassen: Pilger in Marktl sind völlig außer sich.

4 Mit seinem Bruder betet der Papst am Grab seiner Eltern.

5 Glaubensstätte seiner Jugend: die Gnadenkapelle in Altötting.

Berlin, Erfurt und Freiburg vom 22. bis 25. September 2011

Der Papst bahnt sich den Weg durch die Menge: Hunderttausende Pilger erwarten ihn in Etzelsbach zur Vesper.

1

2

3

4

5

BERLIN, ERFURT UND FREIBURG VOM 22. BIS 25. SEPTEMBER 2011

„Ich bin gekommen, um mit euch über Gott zu reden"

Benedikts Abschiedsbesuch in Deutschland im September 2011 ist emotional und ernsthaft zugleich. Der Pontifex mahnt seine Landsleute und hinterlässt ein unbequemes Vermächtnis.

Seine letzte Heimatreise als Oberhaupt der katholischen Kirche ist für Benedikt die förmlichste, es ist ein Staatsbesuch. Er beginnt in Berlin, führt ihn nach Erfurt und Etzelsbach sowie zum Abschluss nach Freiburg in den Südwesten der Bundesrepublik.

Zunächst aber steht sein Auftritt in Berlin, der abgeriegelten Bundeshauptstadt, an. Mit Spannung und viel Skepsis ist der Papst erwartet worden, kommt er doch in die *Hauptstadt des Atheismus*, in die Metropole der Diaspora, wo die Kirche keinen einfachen Stand hat. Hier setzt der Heilige Vater ein erstes deutliches Zeichen mit seiner Rede vor dem Deutschen Bundestag. Im Vorfeld hatte es unzählige Diskussionen darüber gegeben, ob ein Papst als religiöses Oberhaupt überhaupt im deutschen Parlament sprechen dürfe. Am Tag der Rede verlassen einige Abgeordnete den Plenarsaal, andere sind gar nicht erst gekommen. Sie verpassen eine Sternstunde der Gelehrsamkeit, so und ähnlich titeln manche Medien am Tag danach. Tatsächlich legt Benedikt XVI. den Parlamentariern in beeindruckender Weise die Grundlagen des Rechtsstaats und des Naturrechts dar. Es ist der gelungene Auftakt in schwierigem Umfeld.

Nach der Messe im Olympiastadion

von Berlin geht es für den Heiligen Vater nach Erfurt. Dort feiert er vor großartiger Kulisse auf dem Domplatz Gottesdienst. Es gibt ein Treffen mit hochrangigen Protestanten im Erfurter Augustinerkloster, das einst die Heimat von Martin Luther war. Dieser Auftritt war mit Spannung erwartet worden. Benedikt XVI. würdigt den Reformator, sagt aber auch, er sei nicht gekommen, um ökumenische „Gastgeschenke" zu verteilen. Die Reaktionen sind gemischt: Lob und Tadel, unabhängig von der Konfessionszugehörigkeit.

Zum Abschluss seines dritten Deutschlandbesuchs reist der Papst nach Freiburg. Nach einer Gebetsvigil am Vorabend und einer festlichen Messe hält der Papst im Konzerthaus eine spektakuläre und so nicht erwartete Rede: Die Kirche brauche mehr „Entweltlichung", mahnt der Heilige Vater eindringlich. Noch Monate danach rätseln Experten darüber, dabei verwendet Benedikt XVI. den Begriff seit Jahren. Es geht ihm darum, dass die Kirche die richtige Distanz zur Welt hält, um auf diese Weise in der Welt zu wirken.

Es ist ein Abschluss, der zu Benedikt passt: Er hätte etwas Nettes zum Abschied sagen können. Doch er gibt seinen Landsleuten das mit auf den Weg, was unbequem ist, aber aus seiner Sicht am meisten zählt: die Wahrheit.

1 Der Papst auf dem Weg zur Messe im Berliner Olympiastadion.

2 Der Papst und die Protestanten: Rechts der EKD-Vorsitzende Nikolaus Schneider.

3 Der Papst vor der Vesper in Etzelsbach.

4 Die Messe in Erfurt zählt zu den stimmungsvollsten Höhepunkten der Reise.

5 Im Freiburger Konzerthaus hält Papst Benedikt XVI. seine vielbeachtete Rede zur Entweltlichung.

Der Marathon-Papst

Um den Gläubigen seiner weltumspannenden Kirche nahe zu sein, hat Benedikt XVI. keine Strapazen gescheut. 24 Auslandsreisen und 31 Visiten in Italien prägen das Pontifikat des Heiligen Vaters aus Deutschland.

Benin 2011

Im November 2011 reist der Papst zum zweiten Mal nach Afrika. In Benin unterschreibt er das Apostolische Schreiben *Africae munus*, das die Bischofssynode für Afrika beschließt. Auf dem Flughafen von Cotonou, der nach Kardinal Bernard Gantin benannt ist, wird Benedikt XVI. herzlich begrüßt.

Australien 2008

Der Weltjugendtag geht „Down Under", und auch Benedikt XVI. ist in Sydney dabei (kl. Foto). Die Tage in Australien sind bunt und exotisch; so tanzen auch Aborigines, australische Ureinwohner, für den Heiligen Vater. Am Ende verabschiedet er sich mit diesen Worten: „Ich möchte meinen Gastgebern sagen, wie sehr ich meinen Besuch hier genossen habe und wie dankbar ich für ihre Gastfreundschaft bin."

Lourdes 2008

Zum 150. Jahrestag der Erscheinungen in Lourdes betet der Papst in der berühmten Grotte. Die Lichterprozession am 13. September ist für viele Pilger ein unvergessliches Erlebnis. Vor seinem Besuch in Lourdes hat Benedikt XVI. bereits das Herz Frankreichs aufgesucht: In Paris feiert er einen Gottesdienst in Notre-Dame und hält eine vielbeachtete Rede im Pariser „Collège des Bernardins“.

Kamerun und Angola 2009

Der Heilige Vater kommt zum ersten Mal nach Afrika. Seine erste Station ist Kamerun. Danach geht es weiter nach Angola, wo wie zum Beispiel in der Hauptstadt Luanda der Papst überall präsent ist.

HALT!
STÓJ!

Polen 2006

„An diesem Ort des Grauens zu sprechen, ist fast unmöglich – ist besonders schwer und bedrückend für einen Papst, der aus Deutschland kommt." Es fällt Benedikt XVI. schwer, Worte zu finden, als er das Konzentrationslager in Auschwitz besucht. Nachher werden Kritiker ihm vorwerfen, nicht deutlich genug um Vergebung gebeten zu haben. Doch jeder, der den Papst an diesem Tag erlebt, spürt seine tiefe Erschütterung. Er fragt: „Wo war Gott in jenen Tagen? Warum hat er geschwiegen?"

Großbritannien 2010

Mit Kardinal John Henry Newman, den er selbst seligspricht, im Rücken wagt sich Benedikt XVI. nach Großbritannien. Die Reise auf die papst-skeptische Insel wird ein großer Erfolg. Der Papst trifft die Queen und Rowan Williams, den Erzbischof von Canterbury (kl. Foto unten).

1 Die „Sagrada Família" in Barcelona besucht der Papst 2010. Zuvor war er in Santiago de Compostela gewesen.

2 Beim Weltjugendtag 2011 in Madrid feiern Tausende Jugendliche mit dem Papst. Es sollte Benedikts letzter WJT sein.

3 Die Reise nach Kuba ist eines der Highlights des Pontifikats.

4 In Mexiko spricht der Heilige Vater den Gläubigen Mut zu, die gebeutelt sind vom Drogenkrieg.

5 Der Besuch 2009 im Heiligen Land, hier vor dem Felsendom, wird mit Spannung verfolgt.

Benedikt XVI. reiste 31-mal durch Italien: zum Beispiel in das vom Erdbeben zerstörte Abruzzengebiet und nach Venedig, mit der traditionellen Gondel-Fahrt als Höhepunkt.

Ein „eiliger Vater" wie sein Vorgänger Johannes Paul II., das war Benedikt XVI. nicht. Trotzdem hat der zurückgetretene Papst in seinem achtjährigen Pontifikat Zehntausende Kilometer zurückgelegt und 24 Auslandsreisen unternommen. Dazu kommen 31 Reisen innerhalb Italiens, vom tröstenden Besuch im Erdbebengebiet in den Abruzzen bis hin zum großen Auftritt in Mailand beim Weltfamilientreffen.

Diese Reisen hatten unterschiedlichen Charakter: Mal war es ein Pastoralbesuch, mal eine Apostolische Reise oder gar eine „Privatreise" wie die Rückkehr Benedikts XVI. in seine geliebte bayerische Heimat im Herbst 2006. Alle wurden sie jedoch aus Motiven unternommen, die einfach klingen und gerade in ihrer Einfachheit das Selbstverständnis Benedikts XVI. ausdrücken: Er kam, um mit den Menschen über Gott und den Glauben zu sprechen. Um im entlegensten Winkel der Welt die Worte Jesu Christi zu verkünden. Und um selbst in Krisenregionen wie dem Libanon den Gläubigen das Evangelium zu bringen, die „frohe Botschaft".

Papstbesuche sind immer ein Event.

Bereits die Veröffentlichung der Termine und Orte war für Vatikan-Journalisten stets wie ein Hochamt, zu greifen die Spannung, wo es in den nächsten Monaten hingehen würde. Die Vorbereitungen durch den Reisemarschall und seine Mitarbeiter haben so manchen Verantwortlichen verzweifeln lassen; unerbittlich war der Heilige Stuhl bei seinen Forderungen nach einem präzisen Ablauf, der der Sicherheit und vor allem in letzter Zeit auch der angeschlagenen Gesundheit des Heiligen Vaters Rechnung tragen musste. Wenn der Papst dann seine Reise antrat, begann ein Spektakel, von dem die Medien von der ersten Minute an berichteten. Meist stand am Anfang die Ansprache des Papstes an die Journalisten im Flugzeug. Das waren nicht nur nette Begrüßungsworte – das übrigens auch. Aber oftmals wurden bereits in diesem ersten Statement die Richtung und das Kernthema das jeweiligen Besuchs deutlich. Manchmal lieferte Benedikt XVI. dann bereits die erste Top-Nachricht. Manche Aussage war missverständlich oder wurde aus dem Zusammenhang gerissen, wie beispielsweise auf der Reise nach Kamerun seine Worte über die Nutzung von Kondomen.

War der Papst einmal gelandet, konnte man fast überall das Gleiche beobachten: Ohne große Gesten wusste der Heilige Vater seine

„Ich möchte zum Frieden beitragen, nicht als Einzelperson, sondern im Namen der katholischen Kirche."

PAPST BENEDIKT XVI. IM MAI 2009

Gastgeber für sich einzunehmen – gerade weil seine Schüchternheit und Demut im Vergleich mit seinem extrovertierten Vorgänger Johannes Paul II. noch mehr auffiel. Mochten Stimmung und Berichterstattung im Vorfeld noch so negativ sein, der Papst hinterließ fast immer beeindruckte oder begeisterte Menschen, so geschehen vor allem bei den historischen Besuchen in Großbritannien oder der Türkei.

Benedikt XVI. hat bei seinen Reisen wie ein guter Florist gearbeitet: Der sucht für einen schönen Blumenstrauß eine Vase aus, die geschmackvoll ist, aber nicht zu auffällig. Das Auge muss auf die Blumen, nicht auf das Porzellan oder die Dekoration fallen. Genau so wollte Benedikt XVI. seine Botschaft im Zentrum wissen. Er wollte die Schönheit des Evangeliums, von der er stundenlang in fast poetischen Worten schwärmen konnte, nicht in den Hintergrund gestellt sehen von Showeinlagen.

Nicht jeder hat das verstanden. Viele, die Johannes Paul II. erlebten hatten, waren geprägt von dessen starker Rhetorik und großen Gesten. Doch so war Benedikt XVI. nicht. Das hätte er weder gewollt noch gekonnt. Der deutsche Papst hat das Christusbekenntnis radikal in die Mitte gestellt und sich selbst als Mittler zurückgehalten. Wenn Benedikt XVI. bei seinem Bayernbesuch 2006 den Menschen in München zurief, man wolle den Glauben anbieten, aber niemandem aufdrängen, so ist das exemplarisch für sein Verkündigungskonzept. Jede Papstreise war in erster Linie – ohne natürlich Anlässe wie Jahrestage und Jubiläen zu vernachlässigen – ein Angebot. An Katholiken und Protestanten. An Juden und Muslime. An Agnostiker und Atheisten. Kein Bekehrungsversuch, das hätte dieser Mann mit seinem Respekt vor dem Heiligen nie gewagt. Aber doch ein Angebot, sich die Botschaft Christi anzuhören und dann zu entscheiden. Zu entscheiden, ob sie für das eigene Leben, für die eigene Person ein Evangelium ist, eine „frohe Botschaft".

Die Auslandsreisen des deutschen Papstes

24 Reisen außerhalb Italiens hat Benedikt XVI. unternommen. Am häufigsten kam er nach Hause, dreimal reiste er in seine deutsche Heimat.

2005 | 2006 | 2011
Deutschland

2006
Polen

2006 | 2010 | 2011
Spanien

2006
Türkei

2007
Brasilien

2007
Österreich

2008
USA

2008
Australien

2008
Frankreich

2009
Kamerun und Angola

2009
Jordanien und Israel

2009
Tschechien

2010
Malta

2010
Portugal

2010
Zypern

2010
Vereinigtes Königreich

2011
Kroatien

2011
Benin

2012
Mexiko und Kuba

2012
Libanon

Reisen wie nach Kamerun oder Kuba waren große Strapazen für Benedikt XVI.

Sternstunde: Papst Benedikt XVI. hält am 22. September 2011 im Bundestag eine große Rede.

DIE POLITIK DES PAPSTES

Der leise Mahner

Es war nicht einfach für Benedikt XVI., das Erbe seines politischen Vorgängers Johannes Paul II. anzutreten. Doch mit ruhigem Auftritt und starken Worten positionierte der deutsche Papst die Kirche als mahnende und moralische Kraft.

„Das eigentliche Regierungsprogramm aber ist, nicht meinen Willen zu tun, nicht meine Ideen durchzusetzen, sondern gemeinsam mit der ganzen Kirche auf Wort und Wille des Herrn zu lauschen und mich von ihm führen zu lassen, damit er selbst die Kirche führe in dieser Stunde unserer Geschichte."

PAPST BENEDIKT XVI. IN DER HEILIGEN MESSE ZUR AMTSEINFÜHRUNG AM 24. APRIL 2005

1 Papst Benedikt XVI. trifft erstmals Saudi-Arabiens König Abdullah.

2 Frankreichs früherer Präsident Sarkozy applaudiert dem Papst nach seiner Rede in Paris.

3 Die kubanischen „Damen in Weiß" setzen ihre Hoffnungen auf den Papst.

4 Ode an Europa: Papst Benedikt und der damalige tschechische Präsident Václav Klaus.

Es war ein schweres politisches Erbe, das Papst Benedikt XVI. als Nachfolger des Weltpolitikers Johannes Paul II. antrat. Die Kardinäle wählten ihn am 19. April 2005 zum Papst, zum religiösen Oberhaupt von mehr als einer Milliarde Menschen und damit automatisch zu einer Autorität, die nicht nur in spirituellen, sondern gerade auch in sozialen und politischen Fragen gehört wird.

Wie politisch will Benedikt XVI. sein?

Wie politisch kann er sein? Da war man sich bei dem Papst aus Deutschland am Anfang nicht im Klaren. Kann einer, der sich selbst als „einfachen und bescheidenen Arbeiter" bezeichnet, den Mächtigen dieser Welt entschieden gegenübertreten? Sein Vorgänger konnte: Papst Johannes Paul II. hatte die drängenden Fragen der Welt auf seine eigene Weise angesprochen.

Blickt man auf Benedikts Pontifikat, so ist der Unterschied zu Johannes Paul II. und dessen Auffassung von Politik und Kirche klar ersichtlich. Der polnische Pontifex war ein Charismatiker, der um seine Ausstrahlung und seine Position wusste und beides einsetzte, um nicht nur zu kommentieren, sondern selbst Politik zu machen.

Bei Benedikt XVI. hingegen muss man in erster Linie sehr genau hinhören, um die leise Stimme des deutschen Papstes zu verstehen, wie beispielsweise bei seiner Rede vor der UN-Vollversammlung am 18. April 2008:

> *„Jeder Staat hat die vorrangige Pflicht, seine Bevölkerung vor schweren und wiederholten Verletzungen der Menschenrechte zu schützen. Wenn sich herausstellt, dass die Staaten nicht in der Lage sind, einen solchen Schutz zu garantieren, steht es der internationalen Gemeinschaft zu, mit den von der Charta der Vereinten Nationen und anderen internationalen Übereinkommen vorgesehenen rechtlichen Mitteln einzugreifen. Das Handeln der internationalen Gemeinschaft und ihrer Institutionen darf, soweit sie jene Prinzipien respektiert, die der internationalen Ordnung zugrunde liegen, nie als eine ungerechtfertigte Nötigung oder eine Begrenzung der Souveränität verstanden werden."*

Der Papst bekannte sich zum Konzept der *Responsibility to Protect*, der „Schutzverantwortung". Sie wird bis heute ethisch und politisch debattiert. Der Libyen-Einsatz ist Beispiel für die Komplexität dieses Themas. Trotzdem oder gerade deswegen hat sich Benedikt XVI. damals deutlich geäußert: „Vielmehr sind es die Gleichgültigkeit oder das Nichteingreifen, die tatsächliche Schäden verursachen."

1

2

3

4

Jene Rede vor der UNO ist ein Beispiel dafür, dass der vermeintlich Unpolitische durchaus politisch sein konnte. Prototypisch ist diese Rede, wenn es grundsätzlich um das Benedikt'sche Auftreten auf der politischen Bühne geht. Manchmal beschlich den Zuschauer oder Zuhörer das Gefühl einer leichten Enttäuschung, verzichtete der bayerische Papst doch gänzlich auf rhetorische Kunstkniffe oder dramatische Gesten. In New York vor der UN-Vollversammlung hatten vor Benedikt XVI. nur zwei Päpste geredet, und bis heute ist vielen das aufrüttelnde „Nie wieder Krieg! Nein, nie wieder Krieg!" von Paul VI. im Gedächtnis geblieben. Benedikt XVI. wirkte dagegen zurückhaltend und schüchtern.

Tatsächlich hat Benedikt XVI.

Missstände angeklagt. In jener UN-Rede hatte der Papst die Volksrepublik China ermahnt und auch die USA bekamen die Leviten gelesen. Bei seiner mit Spannung erwarteten Kuba-Reise im Jahr 2012 mahnte der Papst: „Niemand sollte durch die Einschränkung seiner Grundfreiheiten daran gehindert werden, an dieser spannenden Aufgabe teilzunehmen, und keiner fühle sich ausgeschlossen durch Nachlässigkeit oder Mangel an materiellen Ressourcen – eine Situation, die sich verschärft, wenn von außen auferlegte restriktive wirtschaftliche Maßnahmen schwer auf der Bevölkerung lasten." Er kritisierte damit das US-Handels-Embargo und erntete von kubanischer Seite Bestätigung, gar Begeisterung. Dass er sich davon nicht einlullen ließ, dass er aber andererseits auch den Sozialismus des Castro-Clans als Relikt bezeichnet hat, bewies seine innere Unabhängigkeit. So konnte der Papst in Kuba sogar einen konkreten Erfolg verbuchen und das Regime dazu bewegen, den Karfreitag erstmals als offiziellen Feiertag begehen zu lassen.

Der Kampf für Religionsfreiheit

zählt denn auch zu den zentralen Forderungen des Papstes. Wo er dieses Grundrecht des Menschen bedroht sah, mahnte und warnte der Heilige Vater. Besonders eindringlich wandte sich Benedikt XVI. an die Länder, in denen Christen verfolgt und ermordet werden. Christen sind die am meisten verfolgte Religionsgemeinschaft der Welt. An Weihnachten 2012 hat Benedikt XVI. diese Verfolgungen wieder angeprangert und einige Monate zuvor im Libanon klargestellt: „Vergessen wir nicht, dass die Religionsfreiheit das Grundrecht ist, von dem viele andere abhängen. Sich zu seiner Religion zu bekennen und sie frei zu leben, ohne sein Leben und seine Freiheit in Gefahr zu bringen, muss jedem möglich sein. Der Verlust oder die Schwächung dieser Freiheit beraubt den Menschen des heiligen Rechts auf ein ganzheitliches Leben auf geistlicher Ebene."

Diese Worte, gesprochen in einem Staat mit instabilen Verhältnissen und einer gemeinsamen Grenze mit dem bürgerkriegserschütterten Syrien, haben viele berührt. Heute, da wir wissen, dass es Benedikts XVI. letzte Reise als Papst war, klingen sie wie ein Vermächtnis. Ein Erbe für seinen Nachfolger, sich mit deutlichen und mahnenden Worten einzusetzen im Kampf gegen die Verfolgung der Christen und für Religionsfreiheit.

> „Europa ist mehr als ein Kontinent. Es ist ein Zuhause! Und die Freiheit findet ihren tiefsten Sinn in einer geistigen Heimat."

PAPST BENEDIKT XVI. IN PRAG AM 26. SEPTEMBER 2009

Konsistorium im Vatikan: Benedikt XVI. wertete die päpstliche Diplomatie stark auf.

Eine weitere Rede ist von Bedeutung für das politische Vermächtnis Benedikts XVI.: jene im Deutschen Bundestag am 22. September 2011. Eine Rede, die von einigen Abgeordneten boykottiert, beispielsweise von der *Frankfurter Allgemeinen Zeitung* aber als „Jahrhundertereignis" gerühmt wurde. Eine Ansprache, in der Benedikt XVI. über die Grundlagen des christlichen Rechtsbegriffs, Natur und Vernunft, philosophierte und auf deren Bedeutung in einer Zeit des positivistischen Verständnisses von Natur verwies. Eine Rede, an deren Ende der Papst die Ökologie als entscheidende Komponente des politischen Handelns, als unverzichtbare Kategorie für jeden politischen Akteur benannte und unter Applaus des Plenums erklärte: „Es gibt auch eine Ökologie des Menschen. Auch der Mensch hat eine Natur, die er achten muss und die er nicht beliebig manipulieren kann. Der Mensch ist nicht nur sich selbst machende Freiheit. Der Mensch macht sich nicht selbst."

Damals erlebten seine Landsleute

eine Seite Benedikts XVI., die man selten sehen konnte, seine humorvolle: „Ich würde sagen, dass das Auftreten der ökologischen Bewegung in der deutschen Politik seit den 70er-Jahren zwar wohl nicht Fenster aufgerissen hat, aber ein Schrei nach frischer Luft gewesen ist und bleibt, den man nicht überhören darf und nicht beiseite schieben kann, weil man zu viel Irrationales darin findet." Jubel bei den Grünen, den der Heilige Vater entspannt kommentierte: „Es ist wohl klar, dass ich hier nicht Propaganda für eine bestimmte politische Partei mache."

Überparteilich im besten Sinne und damit noch lange nicht unpolitisch: So darf man

Joseph Ratzinger diskutierte mit Jürgen Habermas 2004 über Vernunft und Religion.

Benedikt XVI. wohl einstufen. Neutraler als sein Vorgänger, das ganz sicher. Zugleich aber ein Verfechter der europäischen Sache. In seiner Zeit als Kardinal und Glaubenspräfekt, aber auch als katholisches Oberhaupt hat er sich immer wieder dazu bekannt. Berühmt wurde seine Rede in der Tschechischen Republik, als er im September 2009 sagte:

> *„Europa ist mehr als ein Kontinent. Es ist ein Zuhause! Und die Freiheit findet ihren tiefsten Sinn in einer geistigen Heimat. Bei voller Rücksicht auf die Unterscheidung zwischen dem politischen Bereich und dem Bereich der Religion – was ja die Freiheit der Bürger bewahrt, ihren Glauben zum Ausdruck zu bringen und danach zu leben –, möchte ich zugleich die unersetzliche Rolle des Christentums für die Bildung des Gewissens einer jeden Generation betonen, wie auch seine Rolle für die Förderung eines grundlegenden ethischen Konsenses, der allen Menschen zugute kommt, die diesen Kontinent ihr ‚Zuhause' nennen!"*

In jener Ansprache – wie auch bei seinem Frankreichbesuch 2008, als er den Begriff des „positiven Laizismus" kritisch analysierte – spielen das Verhältnis von Kirche und Welt eine grundlegende Rolle. Oft zitierte Benedikt XVI. dazu den heiligen Augustinus. Ein Staat, der

„Der Mensch ist nicht nur sich selbst machende Freiheit. Der Mensch macht sich nicht selbst."

PAPST BENEDIKT XVI. IM DEUTSCHEN BUNDESTAG

nicht durch Gerechtigkeit definiert wäre, wäre nicht mehr als eine „große Räuberbande". Ein Staat müsse um Gerechtigkeit bemüht sein. Um zu bestimmen, was gerecht sei, müsse man die Vernunft benutzen, die wiederum im Gespräch mit der Religion „zu gegenseitiger Reinigung und Heilung" kommen könne, wie Kardinal Ratzinger 2004 in seinem Gespräch mit Jürgen Habermas behauptete. Bei der Frankreichreise 2008 hat er dieses Verhältnis bestätigt, nach dem Prinzip: „Unterscheiden bedeutet nicht Trennen." Politik und Religion müssen unterschieden, jedoch nicht völlig getrennt werden. Die Kirche könne zum Beispiel durch ihre Soziallehre Einfluss nehmen. Doch „kann und darf sie sich nicht an die Stelle des Staates setzen. Aber sie kann und darf im Ringen um Gerechtigkeit auch nicht abseits bleiben."

Direkte politische Einflussnahme

war die Sache Benedikts XVI. nicht. Er hatte sich einmal gewünscht: „Betet für mich, dass ich das Steuer der Kirche in milder Festigkeit festhalte." Das galt für die Führung der Kirche; Kritiker sehen darin den Grund für verpasste interne Reformen. Und es galt für die Weise, wie Benedikt XVI. Politik gemacht hat. Er hat etwas in die Waagschale geworfen, das Politikwissenschaftler *soft power* nennen und das der Amerikaner Joseph S. Nye Jr. als Einflussnahme durch die Verkörperung moralischer oder kultureller Werte definierte. Diese werden zum Beispiel auf diplomatischen Wegen vermittelt.

Benedikt XVI. wertete die vatikanische Diplomatie tatsächlich massiv auf. Das gilt für die Interaktion mit Staaten und Organisationen sowie für die Diplomatie an sich. Im Konsistorium 2012 wurden verdiente Diplomaten des Heiligen Stuhls in Schlüsselpositionen befördert. Fernando Filoni zum Beispiel, der in Bagdad trotz des Irakkrieges blieb und dafür den Namen *Nuntius Courage* erhielt, wurde Kardinal und zum Präfekten der Kongregation für die Evangelisierung der Völker ernannt.

Annäherung an die Weltpolitik: Papst Benedikt in der UNO im Jahr 2008.

Mit dieser gestärkten Diplomatie wurde während des Pontifikats intensiv mit der Volksrepublik China verhandelt. Benedikt selbst hatte sich an die entsprechenden Stellen gewandt, um den langjährigen Konflikt mit der Volksrepublik und der Staatskirche auszuräumen. Mit Saudi-Arabien wurden Gespräche geführt, wenngleich ohne offizielle bilaterale Beziehungen aufzunehmen. Das sind einige Beispiele dafür, wie Papst Benedikt seine politische Rolle ausgefüllt hat. Anders, als sie sein Vorgänger Johannes Paul II. interpretiert hatte. Aber deswegen durchaus nicht ohne Erfolg und Einfluss. Benedikts erste Worte als Papst waren: „Nach einem großen Papst Johannes Paul II. haben die Herren Kardinäle mich gewählt, einen einfachen und bescheidenen Arbeiter im Weinberg des Herrn." Und er fuhr fort: „Mich tröstet die Tatsache, dass der Herr auch mit ungenügenden Werkzeugen zu arbeiten und zu wirken weiß."

Im Gespräch mit den Religionen

Im Guten wie im Schlechten spielen die Religionen eine Hauptrolle für das Zusammenleben in unserer globalisierten Welt, und der Dialog miteinander ist von entscheidender Bedeutung. Eine der wichtigsten Stimmen in diesem Gespräch: Benedikt XVI., das Oberhaupt der größten Kirche der Welt.

Zum Weltfriedenstreffen der Religionen kommt Benedikt XVI. am 27. Oktober 2011 mit rund 300 religiösen Führern aus aller Welt in Assisi zusammen.

Herzliches Verhältnis:
Benedikt XVI. und der römische Oberrabbiner Riccardo Di Segni (o.).

Höhepunkt der Reise ins Heilige Land: Der Papst betet am 12. Mai 2009 an der Klagemauer in Jerusalem (u.).

Shake hands: Papst Benedikt XVI. und der jordanische Prinz Ghazi bin Muhammed reichen sich die Hände (o.).

Ein historischer Moment: Erst als zweiter Papst überhaupt betritt das katholische Oberhaupt eine Moschee, die Blaue Moschee in Istanbul (u.).

„Seit der Zeit Jesu hatten wir nie bessere Beziehungen."

DER ISRAELISCHE STAATSPRÄSIDENT SHIMON PERES ÜBER DAS CHRISTLICH-JÜDISCHE VERHÄLTNIS

Sie erklären mit aller Deutlichkeit, ein interreligiöser Dialog im engeren Sinne des Wortes sei nicht möglich." Würde jemand, der interessiert ist am Gespräch der Religionen und an dessen Erfolg, so etwas sagen? Benedikt XVI. hat genau das gesagt, genauer: geschrieben, in einem Brief an den ehemaligen italienischen Senatspräsidenten und Philosophieprofessor Marcello Pera, abgedruckt als Vorwort in dessen Buch *Warum wir uns Christen nennen müssen*. 2008 war das und damit zwei Jahre nach der Diskussion über Benedikts *Regensburger Rede*. Wieder warteten alle auf einen Sturm der Empörung. Doch er kam nicht, im Gegenteil: Der römische Oberrabbiner Riccardo Di Segni bedankte sich sogar bei Benedikt XVI. für dessen Klarstellung.

> *„Die Toleranz, die wir dringend brauchen, schließt die Ehrfurcht vor Gott ein – die Ehrfurcht vor dem, was dem anderen heilig ist."*

Auch dieses Zitat stammt von Benedikt XVI. und es zeigt, weshalb sich der zurückgetretene Papst Respekt und Anerkennung anderer Religionsführer erworben hat. Weshalb er den interreligiösen Dialog nicht nur für möglich, sondern für unverzichtbar hielt – allerdings unter bestimmten Vorzeichen: Das erste hat er in seinen Reden immer dann hervorgehoben, wenn er die Aktualität von *Nostra Aetate* betonte. Die für das Verhältnis zu den anderen Religionen wegweisende Erklärung des Zweiten Vatikanischen Konzils stellt klar, dass die Kirche nichts ablehne, „was in den anderen Religionen wahr und heilig ist".

Benedikts zweite Prämisse scheint dieser Aussage auf den ersten Blick zu widersprechen, sie stammt aus der Erklärung *Dominus Iesus*: „Mit dem Kommen Jesu Christi, des Retters, hat Gott die Kirche für das Heil aller Menschen eingesetzt. Diese Glaubenswahrheit nimmt nichts von der Tatsache weg, dass die Kirche die Religionen der Welt mit aufrichtiger Ehrfurcht betrachtet, schließt aber zugleich radikal jene Mentalität des Indifferentismus aus, die durchdrungen ist von einem religiösen Relativismus, der zur Annahme führt, dass eine Religion gleich viel gilt wie die andere."

Unterzeichnet ist das Dokument von Joseph Ratzinger und Tarcisio Bertone, also jenen beiden Männern, die später als Papst und Kardinalstaatssekretär die katholische Kirche leiten sollten. Sie stellten in der Erklärung, die bei ihrer Veröffentlichung im August 2000 von manchen Seiten scharf kritisiert wurde, unmissverständlich klar: Das Zentrum des christlichen Bekenntnisses, dass Jesus als Gottes Sohn Mensch geworden und damit die Offenbarung unüberbietbar und vollständig abgeschlossen ist, ist nicht im Dialog verhandelbar. Wenn es wahr sei, dass Jesus Gottes Sohn war, könne er nicht zugleich ein Prophet unter anderen gewesen sein. Genauso wenig könne man auf den kommenden Messias warten und gleichermaßen daran glauben, dass er in Jesus bereits gekommen und gestorben und als Christus auferstanden sei. Für eines müsse man sich entscheiden, und darüber lässt sich nach Benedikt XVI. nicht diskutieren, zumindest nicht im Sinne eines ergebnisoffenen Austausches.

Über die Glaubensentscheidung

sei ein wirklicher Dialog nicht möglich, „ohne dabei den eigenen Glauben auszuklammern", so hatte der Papst in jenem Brief an Pera geschrieben. Ein mündiger Christ sei einer, der nicht ein „Spiel der Wellen sei, nicht hin- und hergetrieben von jedem Widerstreit der Meinungen", so lautete der Umkehrschluss in der letzten Predigt vor seiner Wahl. Dennoch hielt der Papst den Dialog für notwendig. Notwendig aus geopolitischer Sicht: Die Globalisierung hat die Religionen so eng zusammengeführt wie nie zuvor. Notwendig aus theologischer Sicht: Benedikt hat den interreligiösen Dialog stets als Teil des urchristlichen Verkündigungsauftrages gesehen.

Das Gespräch mit Muslimen oder Buddhisten war für Benedikt kein Zugeständnis, sondern eine Konsequenz aus der DNA des christlichen Glaubens selbst. Es ist kein Zufall, dass sich bereits der junge Wissenschaftler Ratzinger ausführlich mit den Weltreligionen beschäftigte und auch später darauf einen Schwerpunkt seines publizistischen Wirkens legte. Sein Standardwerk *Wahrheit – Glaube – Toleranz* von 2003 ist im Blick auf die Reaktionen auf die Erklärung *Dominus Iesus* zu lesen. Als vatikanischer Chef-Theologe formulierte Ratzinger seine grundlegende Sicht vom Verhältnis des Christentums zu den Weltreligionen und fand klare Worte, die freilich nicht überall auf Konsens stießen. Doch ohne Position ist kein Dialog möglich. Zwei Jahre später setzte er als Papst diesen Kurs fort.

Es ist nicht von der Hand zu weisen, dass sich unter Benedikt XVI. der interreligiöse Dialog verändert hat. Grußworte und Respektbezeugungen, beispielsweise zu buddhistischen oder hinduistischen Hochfesten, sind nach wie

2006 forciert der Papst den interreligiösen Dialog und empfängt muslimische Gesandte in der Sommerresidenz Castel Gandolfo.

vor Standard. Aber vor allem wurden engere institutionellere Bande geknüpft, zum Beispiel im *Memorandum of Understanding* zwischen dem Heiligen Stuhl und der Arabischen Liga oder dem Dialogforum des Vatikans und muslimischer Theologen.

Der Umgang mit anderen Religionen

wurde Benedikt XVI. jedoch häufig vorgeworfen. In engem Zusammenhang mit dem eingangs erwähnten Brief steht seine Entscheidung, den für den interreligiösen Dialog zuständigen Rat 2006 in den päpstlichen Kulturrat zu integrieren. Denn über die Glaubensentscheidung könne man keinen Dialog führen, über die kulturellen Folgen dieser Glaubensentscheidung müsse man aber unbedingt im Gespräch bleiben.

Diese persönliche Einschätzung hat der Papst nie revidiert, wohl aber seine Entscheidung von 2006. Ein Jahr später machte er den *Päpstlichen Rat für den Interreligiösen Dialog* wieder zum eigenständigen Dikasterium. Er tat dies sehr wahrscheinlich wegen der schweren interreligösen Krise, die nach seiner *Regensburger Rede* ausgebrochen war. Der Papst hatte während seines Bayernbesuchs 2006 in Regensburg den mittelalterlichen byzantinischen Kaiser Manuel II. Palaiologos zitiert und die islamische Welt in Aufruhr versetzt. Der Kern der Rede, die Ausführungen über das Verhältnis von Glaube und Vernunft, ging zunächst unter, woraufhin die türkische Publizistin Necla Kelek von einer „intellektuellen Steilvorlage für den Diskurs über Glauben und Moderne" schrieb und konstatierte: „Die Muslime waren offenbar nicht an einer geistigen Auseinandersetzung interessiert, fühlten sich beleidigt und wollten ihre Ehre retten. Joseph Ratzinger hat die Wange hingehalten und die muslimische Welt wieder einmal eine Chance verpasst." Ein zu pauschales Urteil, denkt man etwa an den Brief von 138 islamischen Autoritäten, der für den Dialog zwischen den beiden Religionen ein bedeutender Schritt war.

Weniger prekär, aber auch nicht durchweg harmonisch erlebte Benedikt XVI. die Beziehung zum Judentum. 2009 warf der Streit um die Karfreitagsfürbitte einen Schatten auf das christlich-jüdische Verhältnis. Die Verhandlungen mit den Piusbrüdern sorgten über einen längeren Zeitraum für einen Moll-Ton im Hintergrund. Und dennoch: Der Austausch zwischen Juden und Christen ist so intensiv und konstruktiv wie nie zuvor; US-Rabbiner David Rosen bezeichnete die Beziehung zum Vatikan sogar als so positiv wie nie zuvor. Der ehemalige Chef des *International Jewish Committee on Interreligious Consultations* hat den deutschen Pontifex für seine Bemühungen um Vermittlung immer wieder gelobt. Bezeichnend: Der erste offizielle Brief des deutschen Papstes, datiert auf den 30. April 2005, war an Elio Toaff adressiert, den emeritierten Oberrabbiner von Rom. Angesichts dieser Gesten und Handlungen ist es nur zu verständlich, dass Shimon Peres, der legendäre israelische Präsident, einmal sagte: „Seit der Zeit Jesu hatten wir nie bessere Beziehungen."

Antisemitismus ist unchristlich.

Benedikt XVI. wurde nie müde, das zu betonen, und Antisemitismus als Angriff auf die christlichen Wurzeln und damit den eigenen Glauben zu brandmarken. Bei der letzten Reise in seine Heimat rief der Heilige Vater in Berlin jüdischen und christlichen Vertretern zu: „Neben diesen wichtigen Initiativen scheint mir,

„Ich werde weder an Kräften noch an Hingabe sparen, um den verheißungsvollen Dialog fortzusetzen."

PAPST BENEDIKT XVI. NACH SEINER WAHL ÜBER DAS GESPRÄCH MIT DEN RELIGIONEN

dass wir Christen uns auch immer mehr unserer inneren Verwandtschaft mit dem Judentum klar werden müssen. Für Christen kann es keinen Bruch im Heilsgeschehen geben. Das Heil kommt nun einmal von den Juden." In seiner Trilogie *Jesus von Nazareth* hat Benedikt XVI. diesen Gedanken weiter ausgeführt, auf die Bedeutung des Judentums für die Christenheit hingewiesen und gedanklich an das angeknüpft, was er als Kardinal 1994 in dem Aufsatz *Israel, die Kirche und die Welt* dargelegt hatte: „Juden und Christen sollten sich in einer tiefen inneren Versöhnung gegenseitig annehmen, nicht unter Absehung von ihrem Glauben oder gar unter dessen Verleugnung, sondern aus der Tiefe des Glaubens selbst heraus. In ihrer gegenseitigen Versöhnung sollten sie für die Welt zu einer Kraft des Friedens werden."

Das war für Benedikt XVI. die zentrale Aufgabe des interreligiösen Dialoges: Die Religionen sollen und müssen Frieden stiften. Kritiker monierten, der Papst würde das Miteinander der Religionen auf eine karitativ-soziale Zusammenarbeit reduzieren, würde einen praktischen Nutzen sehen, jedoch keinen spirituellen Sinn. Als Argument wurde oft sein Fernbleiben vom Weltgebetstreffen 1986 in Assisi herangezogen. Tatsächlich hatte Ratzinger als Präfekt der Glaubenskongregation Befürchtungen gehegt, das Treffen von 150 Vertretern unterschiedlicher Religionen könnte die Grenzen zwischen der jeweiligen Gebetstradition verwischen oder gar relativistische Signale senden. 20 Jahre später lobte er jedoch als Papst seinen Vorgänger und den „prophetischen Charakter" seiner Initiative: Dennoch „muss, auch wenn man zusammenkommt, um für den Frieden zu beten, das Gebet in unterschiedlichen, den verschiedenen Religionen eigenen Weisen stattfinden."

Ein Sturm der Entrüstung fegte nach der „Regensburger Rede" des Papstes im Jahr 2006 durch die islamische Welt.

Es ist nicht verwunderlich, dass zum Hinduismus und Buddhismus die Einlassungen des deutschen Papstes rarer ausfielen als beispielsweise gegenüber den beiden abrahamitischen Brüderreligionen. Unkenntnis oder gar Desinteresse daraus abzuleiten, wird dem zurückgetretenen Papst jedoch nicht gerecht. Eine Anekdote belegt das: Einer der besten Freunde Ratzingers in seiner Zeit als Professor in Bonn war Paul Hacker, einer der größten Indologen, die Deutschland je hervorgebracht hat. Von ihm lernte Ratzinger viel über den Hinduismus und ließ die neuen Kenntnisse in sein Seminar über Religionsgeschichte einfließen. Angeblich sogar so viel, dass manche Studenten nichts mehr davon hören wollten.

Assisi dient als Beispiel

für den Stellenwert, den der Papst allen Religionen beigemessen hat. 15 Jahre nach dem ersten Weltgebetstreffen fuhr Papst Benedikt im Oktober 2011 in den Ort des Franziskus. Höchstpersönlich hatte er zum vierten Friedensgebet eingeladen. Das war der Höhepunkt des interreligiösen Wirkens und Ergebnis eines Versprechens, das Benedikt XVI. direkt nach seiner Wahl den Kardinälen und damit der ganzen Welt gegeben hatte. Es zeigt, wie sehr der zurückgetretene Papst an die Möglichkeit und den Erfolg des Gesprächs der Religionen geglaubt hat: „Ich werde weder an Kräften noch an Hingabe sparen, um den verheißungsvollen Dialog fortzusetzen, der von meinen verehrungswürdigen Vorgängern mit den verschiedenen Kulturen angeknüpft wurde, denn aus dem gegenseitigen Verständnis erwachsen die Bedingungen für eine bessere Zukunft aller."

An der Wirkungsstätte Martin Luthers, dem Augustinerkloster in Erfurt, traf Papst Benedikt 2011 mit Nikolaus Schneider, dem Ratsvorsitzenden der Evangelischen Kirche in Deutschland, zusammen.

Der Sieg des Unwahrscheinlichen

Ein Papst aus Deutschland an der Spitze der katholischen Kirche. Selten war die Wahl des Nachfolgers Petri aus ökumenischer Perspektive so interessant. Und so sorgt auch seine Bilanz im Streben nach der Einheit der Christen für intensive Diskussionen.

Historische Begegnung in Istanbul: Papst Benedikt XVI. und der griechisch-orthodoxe Patriarch Bartholomäus I.

Offene Arme für die Anglikaner: Hier betet Papst Benedikt in der Westminster Abbey in London mit Rowan Williams, bis Ende 2012 geistliches Oberhaupt der anglikanischen Kirche.

Ein Deutscher als Pontifex. Ein katholisches Oberhaupt aus dem Stammland der Reformation. Ein Landsmann Martin Luthers als Nachfolger Petri in Rom. Als Benedikt XVI. zum 265. Papst gewählt wurde, stand auf einmal ein Mann an der Spitze der Kirche, der die reformierten und lutherischen Kirchen besser kannte als jeder seiner Vorgänger. Welche Impulse würde der ehemalige Theologieprofessor Joseph Ratzinger dem interkonfessionellen Gespräch geben, in welche Richtung würde die Ökumene gehen? Solche und ähnliche Fragen wurden von Christen beider Konfessionen diskutiert, nicht nur in Deutschland. Für die meisten stand fest: Der ehemalige Glaubenspräfekt Ratzinger könnte als Papst Benedikt XVI. die Ökumene stark beeinflussen – nur in welchem Sinne?

Bereits vor seiner Wahl zum Papst,

also vor jenem historischen 19. April 2005, hatte eine Geste des damaligen Kardinaldekans Ratzinger für Aufsehen in ökumenischen Kreisen gesorgt: Bei der Totenmesse für Johannes Paul II. hatte er Frère Roger, dem später ermordeten Gründer der Taizé-Gemeinschaft, die Kommunion gereicht. Bereits damals ging unter, dass es den Mitbrüdern von Taizé ausdrücklich erlaubt war, zu kommunizieren. Daher war Ratzingers Geste großherzig, revolutionär war sie nicht. Der Kardinaldekan blieb auch in den traurigen Tagen nach dem Tod seines polnischen Vorgängers und Freundes auf gewohntem Terrain und ging keinen Schritt über die Leitgedanken hinaus, die er mit Johannes Paul II. in den Jahrzehnten zuvor vorgegeben hatte und auch als Papst wiederholte:

„Ökumene ist keine bloße Kommunikationsstrategie in einer sich wandelnden Welt, sondern eine Grundverpflichtung der Kirche von ihrer Sendung her."

„Der ökumenische Dialog kann heute von der Wirklichkeit und dem Leben aus dem Glauben in unseren Kirchen nicht mehr abgetrennt werden, ohne ihnen selbst Schaden zuzufügen."

Diese Zitate machen klar: Ökumene war für den Papst aus dem Land der Reformation keine Nebensache. Zugleich aber formulierte die Kirche unter dem Glaubenspräfekten Ratzinger und Papst Benedikt auch solche Sätze:

„Es gibt also eine einzige Kirche Christi, die in der katholischen Kirche subsistiert und vom Nachfolger Petri und von den Bischöfen in Gemeinschaft mit ihm geleitet wird."

„Die kirchlichen Gemeinschaften hingegen, die den gültigen Episkopat und die ursprüngliche und vollständige Wirklichkeit des eucharistischen Mysteriums nicht bewahrt haben, sind nicht Kirchen im eigentlichen Sinne."

„Die Einheit besteht nach unserer Überzeugung unverlierbar in der katholischen Kirche. Denn volle Einheit und wahre Katholizität gehen zusammen."

Manche seiner evangelischen Landsleute haben sich durch diese und ähnliche Formulierungen in ihrem Glauben verletzt oder zumindest nicht respektvoll behandelt gefühlt. Während sich das katholische Deutschland eine Zeitlang als Papst fühlte, begegnete die protestantische Republik dem Pontifex mit einiger Skepsis. Aber selbst von katholischer Seite wird oft und gerne vergessen, dass der Vatikan 1999 ein Dokument unterzeichnet hatte, das für das Verhältnis der beiden Konfessionen von hoher Bedeutung war und bis heute ist. Zwar zeichnete für die *Gemeinsame Erklärung zur Rechtfertigungslehre* offiziell der Ökumene-Kardinal Edward Idris Cassidy verantwortlich. Doch ohne den Segen des damals amtierenden Glaubenspräfekten Joseph Ratzinger, der sich im Vorfeld sogar mit dem emeritierten lutherischen Landesbischof von Bayern, Johannes Hanselmann, zu einem wegweisenden Gespräch getroffen hatte, wäre jene Erklärung mit hoher Sicherheit nicht zustande gekommen.

Aus dem Dokument *Dominus Iesus* von 2000 sprach wohl auch die Enttäuschung darüber, dass die *Gemeinsame Erklärung zur Rechtfertigungslehre* im Nachhinein von führenden evangelischen Theologen abgelehnt wurde. Wahr ist aber auch, dass *Dominus Iesus* auf viele reformierte und lutherische Christen wie ein Affront wirkte. Sogar Ratzingers Landsmann Walter Kasper, der ein Jahr später selbst Ökumene-Kardinal werden sollte, bemerkte damals, ein „dialogischerer Stil" wäre wünschenswert gewesen und man hätte besser von „neuen Typen von Kirche" sprechen sollen.

Diese ökumenische Ambivalenz hat das Pontifikat Benedikts XVI. begleitet und sich bei seinem Deutschlandbesuch 2011 in der ganzen Bandbreite gezeigt: Einerseits gab es hohe Erwartungen, die von einer Rehabilitierung Luthers bis hin zum Durchbruch in der Frage des gemeinsamen Abendmahls reichten. Andererseits Pessimismus und die Befürchtung, man könne von diesem römischen Gast gar nichts erhoffen, wie es besonders harsch Margot Käßmann ausdrückte. Am Ende würdigte der Papst dezidiert die Person und das Wirken Martin Luthers, erteilte indes allem ökumenischen Vorpreschen eine Abfuhr und stellte klar, dass er keine Gastgeschenke mitgebracht habe.

Gastgeschenke, die er ohnehin nicht verteilen könne, weil es nicht in seiner Macht stehe. Bisweilen wären moderatere Worte möglich gewesen, doch seine Strategie hat Ratzinger als Papst deutlich formuliert: Ökumene braucht menschliches Bestreben, Verhandlungen oder gemeinsame Initiativen. Letztlich jedoch sei die Einheit der Christenheit ein Geschenk Gottes, und daher müsse es „erster ökumenischer Dienst in dieser Zeit sein, gemeinsam die Gegenwart des lebendigen Gottes zu bezeugen und damit der Welt die Antwort zu geben, die sie braucht".

Konzentration auf den eigenen Glauben, darin Sicherheit finden und durch das Bekenntnis der Botschaft Christi in der Welt präsent sein: Das waren für Benedikt XVI. die entscheidenden Schritte, die jedem ökumenischen Austausch vorangehen mussten.

Benedikt XVI. mit dem orthodoxen Erzbischof Chrysostomos II. (r.) beim Besuch auf Zypern.

Diese Sicht wird noch verständlicher,

wenn man sich das Gespräch mit anderen christlichen Konfessionen vor Augen hält. Benedikt XVI. hatte nie einen Hehl daraus gemacht, dass er die größten theologischen Gemeinsamkeiten zwischen Katholiken und Orthodoxen sah. Bei seinem Deutschlandbesuch 2011 betonte der Heilige Vater: „Unter den christlichen Kirchen und Gemeinschaften steht uns ohne Zweifel die Orthodoxie theologisch am nächsten; Katholiken und Orthodoxe haben die gleiche altkirchliche Struktur bewahrt; in diesem Sinn sind wir alle alte Kirche, die doch immer gegenwärtig und neu ist. Und so wagen wir zu hoffen, auch wenn menschlich immer wieder Schwierigkeiten auftreten, dass der Tag doch nicht zu ferne ist, an dem wir wieder gemeinsam Eucharistie feiern können."

Zwei „Ökumene-Minister": Kardinal Kurt Koch (l.) und sein Vorgänger, der deutsche Kardinal Walter Kasper.

Zwar blieben spektakulärere Annäherungen aus, beispielsweise kam der als persönlicher Herzenswunsch kolportierte Besuch in Moskau trotz aller Gerüchte nie zustande. Und auch die Erwartungen orthodoxer Christen, dieser Papst würde eine Rückkehr zum alten System der autonomen Patriarchate favorisieren, wurden nicht erfüllt. Dass Benedikt XVI. den traditionellen päpstlichen Titel *Patriarch des Abendlandes* ablegte, werteten manche Orthodoxen daher als endgültige Absage an alle Hoffnungen auf eine Renaissance der frühchristlichen Pentarchie – eine Einschätzung, die übrigens von vielen Katholiken übersehen wurde. Im Gegenteil: Hierzulande hatten manche Kommentatoren den Verzicht gar als besonders einladende Geste gerühmt.

Und dennoch: Benedikt XVI. hat nie einen Zweifel daran gelassen, dass der interkonfessionelle Dialog mit der Orthodoxie eine

Eine Geste geht um die Welt: Joseph Ratzinger spendet Frère Roger die heilige Kommunion.

ungemein wichtige Rolle während seines Pontifikats spielte: „Ich kann Ihnen versichern", so betonte er bei seinen orthodoxen Gastgebern während des Türkeibesuchs 2006, „dass die katholische Kirche bereit ist, alles in ihrer Macht Stehende zu tun, um die Hindernisse zu überwinden und zu diesem Zweck gemeinsam mit unseren orthodoxen Brüdern und Schwestern nach immer wirksameren Mitteln der pastoralen Zusammenarbeit zu suchen." Und kurz zuvor hatte er in Regensburg gesagt: „Ich betrachte es immer als ein großes Geschenk der Vorsehung, dass ich als Professor in Bonn in zwei jungen Archimandriten, den späteren Metropoliten Stylianos Harkianakis und Damaskinos Papandreou, die orthodoxe Kirche sozusagen persönlich, in Personen kennen- und so lieben lernen durfte."

Den Orthodoxen gegenüber schlug Benedikt andere Töne an als seinen lutherischen Gastgebern gegenüber in Erfurt. Wärmer, einladender, vor allem auch hoffnungsvoller. Viele orthodoxe Christen haben besonders einen Moment nicht vergessen. Als Benedikt XVI. während seines Türkeibesuchs in der Patriarchalkirche St. Georg im Phanar in Istanbul die sogenannte „Göttliche Liturgie" zum Andreasfest mitfeierte, durchbrach ein Kind das eigentlich strenge Protokoll. Anstatt die heilige Kommunion zu empfangen, rannte das – orthodox getaufte – Kind auf das eigentlich ja „falsche" Kirchenoberhaupt zu, um sich segnen zu lassen. Diese Szene unterstrich, was der Besucher aus Rom zuvor gesagt hatte: „Heute können wir in dieser Patriarchalkirche des Hl. Georg noch einmal die Gemeinschaft und die Berufung der beiden Brüder Simon Petrus und Andreas erfahren (…). Unsere brüderliche Begegnung unterstreicht die besondere Beziehung, welche die Kirchen Roms und Konstantinopels als Schwesterkirchen miteinander verbindet."

In der ökumenischen Bilanz

des Pontifikats Benedikts XVI. werden diese und ähnliche Ansprachen oft vergessen, besonders in seiner Heimat Deutschland. Psychologisch verständlich, schließlich spielt die Orthodoxie hierzulande eine vergleichsweise geringere Rolle als beispielsweise der Protestantismus. Zwischen diesem und dem Katholizismus hatte Benedikt XVI. eine „Grunddifferenz" ausgemacht, über die er nicht aus politischen oder privaten Gründen hatte hinwegsehen, geschweige denn hinweggehen wollen. Als ob er sich das Lutherische „Ich stehe hier und kann nicht anders" zu eigen gemacht hätte. Man hätte sich, und das geben auch viele katholische Christen zu, manchmal das gewünscht, was Benedikt XVI. bei seiner ersten offiziellen Eucharistiefeier nach seiner Wahl gepredigt hatte: „Es bedarf konkreter Gesten, die das Herz erfassen und die Gewissen aufrütteln, indem sie jeden zu der inneren Umkehr bewegen, die die Voraussetzung für jedes Fortschreiten auf dem Weg der Ökumene ist."

Trotz der manchmal fehlenden Gesten muss eine Bewertung aus einer größeren Perspektive erfolgen, muss das gesamte ökumenische Bestreben und Denken Benedikts XVI. beachtet werden. Also auch die Apostolische Konstitution *Anglicanorum coetibus* vom 9. November 2009 und die damit erlaubte Einrichtung von Personalordinariaten für Anglikaner. Damit schuf der Papst die Voraussetzung dafür, dass übertrittswillige Anglikaner zum Katholizismus übertreten konnten, ohne bereits geschlossene Priesterehen zu lösen oder von ihrem traditionellen Ritus abweichen zu müssen.

In eine ökumenische Bilanz gehören zudem die erwähnten Botschaften an das orthodoxe Christentum oder seine Treffen mit Vertretern der evangelischen Kirchen. Vor allem der Fortschritt im theologischen Dialog mit den altorientalischen Kirchen, die oft vergessen werden, wurde immer wieder von beiden Seiten gewürdigt. Dazu zählen etwa die Kopten oder die Äthiopisch-Orthodoxe Tewahedo-Kirche.

Kirchen wie die Kopten oder die Äthiopier sind zahlenmäßig nicht vergleichbar mit Protestanten oder Katholiken. Trotzdem gehören sie dazu, nimmt man das Wort *Ökumene* im ursprünglichen Sinn (altgriechisch etwa: gesamte bewohnte oder bekannte Welt) ernst. Dann muss man auch solche Worte in die Bilanz einbeziehen wie die im Januar 2013 an altorientalische Gläubige: „In Anerkennung des Fortschritts, der in diesen zehn Jahren gemacht wurde, möchte ich meine Hoffnung ausdrücken, dass die Beziehungen zwischen der katholischen Kirche und den altorientalischen Kirchen sich weiterhin im brüderlichen Sinn der Gemeinschaft und Zusammenarbeit entwickeln. Dies gilt besonders für den sich intensivierenden theologischen Dialog, der allen Jüngern des Herrn helfen kann, in Gemeinschaft zu wachsen und vor der Welt die rettende Wahrheit des Glaubens zu bezeugen."

Die wichtigste Rede zur Ökumene

hielt der zurückgetretene Papst, da war er noch gar nicht auf dem Stuhl Petri, noch nicht mal Glaubenspräfekt oder Erzbischof. Gehalten hat er sie bereits 1976 in Graz und sie als *Prognosen für die Zukunft des Ökumenismus* betitelt. Dort hatte Professor Ratzinger bezüglich der Orthodoxie und dem Primatsstreit erklärt: „Rom muss vom Osten nicht mehr an Primatslehre fordern, als auch im ersten Jahrtausend formuliert und gelebt wurde." Und seine inzwischen zum Standard gewordene Feststellung, „nicht die Einheit bedarf der Rechtfertigung, sondern die Trennung" galt auch den reformatorischen und lutherischen Kirchen. Das Lob des Ökumene-Kardinals Kurt Koch mag daher etwas hymnisch anmuten: „Es hat sich deutlich gezeigt, wie sehr dem Heiligen Vater der ökumenische Dialog ein Herzensanliegen ist. Er hat auch ausdrücklich gesagt, selbst wenn die Einheit der Christen noch nicht bevorsteht, wenn wir noch viele Wege zu gehen haben, der ökumenische Dialog ist schlechterdings unabdingbar, damit wir den Reichtum des christlichen Glaubens besser kennen lernen, auch mit den Augen der anderen; und damit wir immer bessere Christen werden."

Und doch hat der demütige Arbeiter im Weinberg des Herrn auch das Feld der Ökumene bestellt, auf seine Art. Er hat den Pflug tief durch die Erde gezogen. Aber nicht, um einzelne Schollen abzugrenzen. Sondern um in jeder Furche zunächst den Boden zu bereiten, dann das Saatgut einzustreuen, um am Ende ein gemeinsames, blühendes Feld zu haben.

Es ist jetzt also klar, dass Benedikt XVI. nicht der ist, der die Ernte dieser Arbeit einbringen wird. Doch das war ihm bewusst, schon 1976 bei seiner legendären Rede in Graz: „Das Christentum beruht ja insgesamt auf dem Sieg des Unwahrscheinlichen, auf dem Abenteuer des Heiligen Geistes (...). Weil wir auf diese Kraft des Heiligen Geistes vertrauen, darum hoffen wir auf die Einheit der Kirche und stellen uns dem Ökumenismus des Glaubens zur Verfügung."

> „So wagen wir zu hoffen, dass der Tag doch nicht zu ferne ist, an dem wir wieder gemeinsam Eucharistie feiern können."
>
> BENEDIKT XVI. ZU DEN ORTHODOXEN CHRISTEN 2011

Die verlorenen Söhne der Kirche

Die Piusbruderschaft ist eine von der Kirche abgespaltene Gruppe. Ihre vier Bischöfe waren exkommuniziert. Der Papst hat diese Exkommunikation aufgehoben und versucht, die Piusbrüder zurück in die Kirche zu holen. Viele Gläubige haben das nicht verstanden: Warum verhandelt der Vatikan mit Fundamentalisten?

Das Gleichnis vom verlorenen Sohn und dem barmherzigen Vater ist bekannt. Auch, dass der ältere Bruder des Heimkehrers wenig begeistert war. Er versteht nicht, weshalb sein Vater so handelt. Und in der Tat: Ist es richtig, dass der Vater aus Liebe zum Jüngeren den Älteren verärgert? Was, wenn der sich abwendet und seinerseits das Weite sucht? Bezahlt der Vater nicht einen sehr hohen Preis für seine Barmherzigkeit, wenn er den untreuen Sohn wieder aufnimmt und den treuen irritiert?

Dieses berühmte Gleichnis passt zu einer Angelegenheit, die die öffentliche Wahrnehmung des Pontifikats Benedikts XVI. lange Zeit mitgeprägt hat. Dabei war der Papst in der Rolle des Vaters und die Priesterbruderschaft St. Pius X. in der Rolle des verlorenen Sohnes. Ein großer Teil der Katholiken kam sich vor wie der ältere Sohn, der nicht verstehen konnte, weshalb der Heilige Vater die verlorenen Söhne von der Piusbruderschaft mit ihren vier exkommunizierten Bischöfen wieder aufnehmen wollte.

Die Piusbruderschaft wurde 1970 von dem französischen Erzbischof Marcel Lefebvre gegründet, weil er mit dem Kurs der Kirche nach dem Zweiten Vatikanischen Konzil nicht einverstanden war. Bis heute wollen die Piusbrüder das Konzil nicht voll anerkennen. 1976 eskalierte der Streit mit dem Vatikan, und Lefebvre wurde suspendiert, da er ohne Erlaubnis Seminaristen zu Priestern geweiht hatte. Doch der Franzose ging noch weiter: 1988 weihte er vier seiner Anhänger zu Bischöfen. Daraufhin waren diese vier Bischöfe, ein assistierender Bischof und Lefebvre selbst exkommuniziert. Einer dieser vier exkommunizierten

Bischöfe war der Brite Richard Williamson. Am 19. Januar 2009 wurde bekannt, dass Williamson einige Zeit zuvor in einem Interview mit dem schwedischen Fernsehen den Holocaust geleugnet hatte – praktisch zeitgleich mit der Veröffentlichung eines vatikanischen Dekrets, mit dem die Exkommunikation der vier Bischöfe der Piusbruderschaft aufgehoben wurde. Die Welt, nicht nur die katholische, war entsetzt. Der Vatikan reagierte spät, der Papst selbst räumte Fehler ein, und die für die Kontakte mit der Bruderschaft zuständige Kommission *Ecclesia Dei* wurde später der Glaubenskongregation unterstellt. Trotzdem fragten sich viele: Was will der Papst?

Schon als Präfekt der Glaubenskongregation hatte Joseph Ratzinger mit Lefebvre über eine Wiederannäherung verhandelt. Eine Einigkeit schien nahe, ehe Lefebvre seine Meinung änderte. Gleich 1988 wurde die Kommission *Ecclesia Dei* eingerichtet, der Dialog war also nie unterbrochen. Nachdem Ratzinger zum Papst gewählt worden war, war Bischof Bernard Fellay, der Nachfolger des inzwischen verstorbenen Lefebvre, einer seiner ersten Gesprächspartner. Benedikt XVI. traf Fellay am 29. August 2005. Im Jahr darauf informierte er beim Konsistorium die anwesenden Kardinäle von seinen Plänen, die Piusbrüder wieder zu integrieren. 2007 folgte der Erlass *Summorum pontificum*, mit dem der „außerordentliche Gebrauch" des tridentinischen Ritus der Liturgie erlaubt wurde. Am 15. Dezember 2008 schließlich bat Fellay in einem Brief um die Aufhebung der Exkommunikation – die Initiative zur Rückkehr in die katholische Gemeinschaft ging also nicht von Rom, sondern von den Piusbrüdern aus.

Bernard Fellay ist Generaloberer der Piusbrüder und einer der vier Lefebvre-Bischöfe.

Die Verhandlungen sind in der Folge geprägt von der Weigerung der Piusbrüder, sich zum Zweiten Vatikanischen Konzil zu bekennen. In der Öffentlichkeit entsteht der Eindruck, eine Splittergruppe führe den Heiligen Stuhl an der Nase herum. Manche werfen Papst Benedikt XVI. sogar vor, er kümmere sich um eine fundamentalistische Gruppe am Rand und vernachlässige den großen Teil in der Mitte.

Für den Heiligen Vater jedoch ist die Einheit der Kirche keine politische Kategorie oder strategische Frage. Sein Wunsch nach Aussöhnung hat theologische Gründe. Wenn die Kirche der Leib Christi ist, ist die Abspaltung eine Wunde in diesem Leib, die man heilen muss. Der Papst geht auf die Piusbrüder zu, um die volle Gemeinschaft der Kirche wiederherzustellen.

Das Gleichnis in der Bibel lässt Fragen offen: Kann der ältere Sohn vom Vater beruhigt werden? Und was macht der jüngere, nachdem er wieder aufgenommen wurde? Man weiß es nicht. Ähnlich verhält es sich mit den Piusbrüdern. Es ist weder klar, welchen Weg sie einschlagen werden, noch was eine Einigung für die Kirche bedeuten würde. Sicher ist nur, dass nicht mehr Benedikt XVI. der Vater aus dem Gleichnis sein wird. Die Piusbrüder seien eine Aufgabe für den neuen Papst, heißt es am 21. Februar 2013 im Vatikan.

„Die Positionen von Bischof Williamson bezüglich der Shoah sind absolut inakzeptabel."

DAS VATIKANISCHE STAATSSEKRETARIAT AM 4. FEBRUAR 2009

DER PAPST UND DIE SCHÖPFUNG

„Wenn du den Frieden willst, bewahre die Schöpfung“

Mit großer Hingabe hat sich Papst Benedikt XVI. dem Thema Ökologie gewidmet. Das war kein Zugeständnis an den Zeitgeist, sondern die konsequente Fortführung seiner Botschaft: Die Liebe zu Gott ist untrennbar verbunden mit der Liebe zum Menschen und zur Natur. Denn der rücksichtsvolle Umgang mit den Ressourcen der Erde ist die Lebensgrundlage für alle.

„Wir müssen auf die Sprache der Natur hören und entsprechend antworten“: Papst Benedikt XVI. im Juli 2005 an seinem Urlaubsort im Aosta-Tal.

Benedikt XVI. hat in seinem Pontifikat unzählige Reden gehalten und durchaus für einige Überraschungen gesorgt. Die folgende Passage, vorgetragen im Bundestag bei seinem dritten Deutschlandbesuch, kam sicher besonders unerwartet: „Ich würde sagen, dass das Auftreten der ökologischen Bewegung in der deutschen Politik seit den 70er-Jahren zwar wohl nicht Fenster aufgerissen hat, aber ein Schrei nach frischer Luft gewesen ist und bleibt, den man nicht überhören darf und nicht beiseite schieben kann, weil man zu viel Irrationales darin findet", hörten die versammelten Abgeordneten den Papst sagen. Er fügte hinzu: „Es ist wohl klar, dass ich hier nicht Propaganda für eine bestimmte politische Partei mache – nichts liegt mir ferner als dies." Was ihm dagegen überhaupt nicht fern lag: Benedikt XVI. war der „grünste" Papst aller Zeiten. Kein Pontifex zuvor hat so deutlich und ausdauernd die Natur in den Fokus gerückt. Bewahrung der Schöpfung, Respekt vor den natürlichen Ressourcen, Aufruf zur Nachhaltigkeit: All das sind Kernthemen des ökologischen Papstes Benedikt XVI.

Der Vatikan als grüner Musterstaat war in den vergangenen Jahren eine beliebte Schlagzeile, auch wenn Attribute wie „ökologischster Staat der Welt" wenig aussagekräftig sind. Jedenfalls hat der Heilige Stuhl Zeichen gesetzt: Am internationalen Energiespartag schaltete der Vatikan die Beleuchtung der Kuppel des Petersdoms aus; auf der Audienzhalle ist eine riesige Solaranlage installiert, übrigens das Geschenk einer deutschen Firma. In größerem Zusammenhang gesehen mögen das eher symbolische Gesten sein. Das ändert jedoch nichts daran, dass Papst Benedikt XVI. zu einem Vorreiter im Kampf gegen ökologischen Raubbau und Umweltverschmutzung wurde.

Im Jahr 2007 rief Benedikt in Loreto fast eine halbe Million Jugendliche zu geschlossenem und entschlossenem Handeln auf: „Einer der Bereiche, in denen zu arbeiten es dringlich erscheint, ist zweifellos die Bewahrung der Schöpfung. Den neuen Generationen ist die Zukunft des Planeten anvertraut, auf dem die Zeichen einer Entwicklung offensichtlich sind, die es nicht immer verstanden hat, die empfindlichen Gleichgewichte der Natur zu schützen. Bevor es zu spät ist, ist es notwendig, mutige Entscheidungen zu treffen, durch die ein

Der Petersdom im Dunkeln: Der Vatikan hat viele Zeichen für die Umwelt gesetzt.

„Den neuen Generationen ist die Zukunft des Planeten anvertraut, auf dem die Zeichen einer Entwicklung offensichtlich sind, die es nicht immer verstanden hat, die empfindlichen Gleichgewichte der Natur zu schützen. Bevor es zu spät ist, ist es notwendig, mutige Entscheidungen zu treffen, durch die ein starker Bund zwischen dem Menschen und der Erde neu geschaffen wird."

PAPST BENEDIKT XVI. VOR JUGENDLICHEN IN LORETO 2007

starker Bund zwischen dem Menschen und der Erde neu geschaffen wird." Das Treffen diente als italienischer Auftakt für den Weltjugendtag 2008 in Sydney, der manchen als ein ökologisches Glaubens-Happening erschien.

Seine Ökotheologie hat der Papst konsequent von einem theologisch-philosophischen Standpunkt aus entwickelt: Nach dem Buch Genesis ist alles von Gott geschaffen, und es ist gut geschaffen. Was ist, ist gewollt. Und es ist so gewollt, wie es ist – das war eine grundlegende Verschränkung für den Heiligen Vater: „Die großen Projekte des Lebendigen sind nicht Produkt von Zufall und Irrtum. (...) Der Mensch ist nicht ein Irrtum, sondern er ist gewollt, er ist Frucht der Liebe."

Das ist Benedikts Ausgangspunkt, den er um den Begriff des *Logos* erweitert. *Logos* bedeutet aus dem Griechischen übersetzt „Wort" und „Vernunft". Am Anfang war der Logos, waren also Wort und Vernunft, weil Gott vernünftig ist. Nun ging Papst Benedikt XVI. noch einen Schritt weiter: Der Mensch, so sagt die Heilige Schrift, ist als Gottes Ebenbild geschaffen. Deshalb sei auch der Mensch vernunftbegabt. Zu dieser Vernunft gehöre eine zweite Grunddimension des Menschseins, die Freiheit. Freiheit und Vernunft wiederum, so der entscheidende Gedanke, gehören zusammen. Gott gibt dem Menschen die Freiheit und erwartet von ihm, diese Freiheit gut zu nutzen. Dafür benötigt der Mensch seine Vernunft. Das heißt: Freiheit findet ihre Bestätigung in verantwortungsvollem Handeln. Im Umkehrschluss bedeutet das dreierlei: Zerstört der Mensch die Natur, zerstört er erstens seinen eigenen Lebensraum. Zweitens versündigt er sich dadurch an der Natur und den Generationen nach ihm. Und drittens stellt er sich gegen Gott, weil er zwar seine Freiheit, aber nicht seine Vernunft benutzt.

Der Bund zwischen Gott und Mensch

ist eine wesentliche Dimension ökologischen Bewusstseins. Die Schöpfung als Urakt der Offenbarung nimmt den Menschen in die Pflicht: „Die Natur ist Ausdruck eines Plans der Liebe und der Wahrheit. Sie geht uns voraus und wird uns von Gott als Lebensraum geschenkt", schrieb der zurückgetretene Papst in seiner Enzyklika *Caritas in veritate (Die Liebe in der Wahrheit)*. Die Schöpfung offenbart Gottes Größe. Man sagt, Theologie und Philosophie beginnen beim Staunen. Benedikt XVI., der die Berge so liebte und die Wälder seiner bayerischen Heimat, hat dieses Staunen intellektuell und emotional verinnerlicht und immer wieder zum Ausdruck gebracht.

Der Papst im Bundestag. Links applaudieren die Grünen-Politiker Jürgen Trittin und Renate Künast.

In der Natur finden wir die *vestigia Dei*, die Spuren Gottes. Insofern ist umweltbewusstes Handeln als Anerkennung der Schönheit der Natur und damit der Größe Gottes ein Akt der Verantwortung und damit letztendlich noch einmal ein Akt des Glaubens: „Die Schöpfung wegzulassen, würde bedeuten, die Geschichte Gottes mit den Menschen selbst misszuverstehen, sie zu verkleinern, ihre wahre Größenordnung nicht mehr zu sehen. Der Radius der Geschichte, die Gott gestiftet hat, reicht bis zu den Ursprüngen, bis zur Schöpfung hin", predigte Benedikt XVI. in der Osternacht im Jahr 2011, und er fuhr fort: „Die Kirche ist nicht irgendeine Vereinigung, die sich um die religiösen Bedürfnisse der Menschen kümmert, aber eben ihr beschränktes Vereinsziel hat. Nein, sie bringt den Menschen in Berührung mit Gott und so mit dem Ursprung aller Dinge. Deshalb geht Gott uns als Schöpfer an, und deswegen tragen wir Verantwortung für die Schöpfung. Unsere Verantwortung reicht bis auf die Schöpfung hin, weil sie vom Schöpfer herkommt. (…) Freude über die Schöpfung, Dankbarkeit für die Schöpfung und Verantwortung für sie gehören zusammen."

Wenn der Mensch Gott als Schöpfer

anerkennt, achtet er die Schöpfung. Umgekehrt gilt: Verliert der Mensch den Glauben an Gott, den Schöpfer, verliert er leicht die Achtung vor der Schöpfung: „Wo sich der Mensch selber zum gottartigen Schöpfer erhebt, kann Weltgestaltung schnell zur Weltzerstörung werden."

Die Ökotheologie Benedikts

ist ein Beispiel dafür, dass Glauben kein weltfremdes Frömmeln ist. Der deutsche Papst machte oft klar, dass die Menschheit vor einem unlösbaren Problem stehe, wenn natürliche Ressourcen nicht geschützt werden. Die Bewahrung der Schöpfung sei eine notwendige Voraussetzung für ein Zusammenleben der Menschen: „Willst du den Frieden fördern, so bewahre die Schöpfung", lautete seine Botschaft zum Weltfriedenstag 2010, in der er forderte: „Natur und Umwelt zu schützen, um eine Welt des Friedens aufzubauen, ist daher Pflicht eines jeden Menschen. Es ist eine dringende Herausforderung, die mit einem erneuerten und von allen mitgetragenen Einsatz angegangen werden muss; es ist eine willkommene Gelegenheit, um den zukünftigen Generationen die Perspektive einer besseren Zukunft für alle zu geben. Dessen mögen sich die Verantwortlichen der Nationen bewusst sein und alle auf jeder Ebene, denen das Los der Menschheit am Herzen liegt: Die Bewahrung der Schöpfung und die Verwirklichung des Friedens sind eng miteinander verbunden!"

Die Bewahrung der Schöpfung ist freilich kein Begriff, den die Kirche oder gar der Papst patentiert hätte. Jede halbwegs strategisch denkende Partei verfolgt dieses Ziel. Manchmal aber wird außer Acht gelassen, was „Bewahrung“ bedeutet, nämlich nicht „Aufheben“ oder „Konservieren“. Bewahrung ist ein dynamischer Prozess. Die Welt wurde von Gott aus dem Nichts geschaffen, und sie entwickelt sich weiter. Mit Teilhard de Chardin würde Benedikt XVI. sagen, dass Gott macht, dass sich die Dinge selbst machen. Er hatte nie etwas übrig für kreationistischen Bibelfundamentalismus: „An Schöpfung glauben heißt, die von der Wissenschaft erschlossene Werdewelt im Glauben als eine sinnvolle, aus schöpferischem Sinn kommende Welt verstehen.“ Der Mensch ist einerseits Teil dieser Entwicklung, andererseits kann er darauf Einfluss nehmen wie kein anderes Wesen auf der Erde. Diese Macht soll er vernünftig gebrauchen. Und zwar nicht nur, indem er möglichst wenig Schaden anrichtet.

Die Botschaft Jesu ist auch Auftrag

an den Menschen, hier auf Erden mitzubauen am Reich Gottes. Humanökologie, also die Frage nach der Beziehung des Menschen zu seiner Umwelt, wird um die transzendente Verbindung erweitert. Benedikt XVI. meinte mit „Natur“ auch die „Natur“ des Menschen. Ökologie ist in diesem Sinne untrennbar mit sozialer Gerechtigkeit, aber auch bioethischen Fragen verknüpft.

In der Natur lernte Benedikt XVI. schon als Kind das Staunen.

Die Hingabe, mit der sich Benedikt dem Thema Ökologie gewidmet hat, war kein Zugeständnis an den Zeitgeist. Er sprach nicht darüber, weil es „in“ war oder von ihm erwartet wurde. Der Papst war im übertragenen Sinne von der Wurzel bis zur Spitze grün. Liebe zu Gott impliziert die Liebe zum Menschen und zur Natur: Diese scheinbar einfache Linie bildet die Konstante im Denken Ratzingers. In jener Rede vor dem Bundestag brachte der deutsche Papst diesen Zusammenhang eindrucksvoll auf den Punkt: „Die Bedeutung der Ökologie ist inzwischen unbestritten. Wir müssen auf die Sprache der Natur hören und entsprechend antworten.“

„Grüner Musterstaat Vatikan“: Solaranlage auf dem Dach der Audienzhalle.

„Vielen Dank, es ist eine große Ehre, vielen Dank": US-Präsident Obama bedankt sich bei Papst Benedikt XVI. für das Treffen.

BEGEGNUNGEN UND AUDIENZEN

Zu Besuch beim Papst

Fast täglich hat Benedikt XVI. Besucher aus aller Welt empfangen. Die päpstliche Gästeliste ist das Who is Who aus Politik, Kultur und Unterhaltung. Und manchmal sogar aus dem Tierreich.

Katholik ist er nicht und trotzdem beeindruckt: US-Präsident Barack Obama besucht im Juli 2009 erstmals den Papst (o.).
Michelle Obama begleitet ihren Mann. Auch Tochter Malia ist dabei – und macht es sich in der Limousine bequem (u.).

Benedikt XVI. mit Spaniens König Juan Carlos und Königin Sofia.

Von Ministerpräsident Recep Tayyip Erdogan wünschte sich der Papst, die Türkei solle ein „Treffpunkt der Religionen und Kulturen" sein.

Wäre es nach Wladimir Putin gegangen, hätte es einen Gegenbesuch des Papstes in Russland gegeben.

Der Heilige Vater trifft „Comandante" Fidel Castro am 20. Mai 2012 in Kuba.

In Jordanien wurde Benedikt von Prinz Ghazi bin Muhammad begleitet.

Libanons Präsident Michel Sleiman im Vatikan im November 2012. Zwei Monate zuvor war der Papst im Libanon zu Gast.

Head to head: Das Oberhaupt der Anglikanischen Kirche, Queen Elizabeth II., im Gespräch mit dem Oberhaupt der Katholiken, Papst Benedikt XVI.

Bei seiner Reise in die Heimat seines Vorgängers wurde Benedikt von Polens inzwischen verstorbenem Präsidenten Lech Kaczynski empfangen.

Der Kanzler und die Kanzlerin

Zwei Männer, die die Leidenschaft für Europa teilen: Papst Benedikt XVI. im Gespräch mit Alt-Bundeskanzler Helmut Kohl, der von seiner Frau Maike Richter-Kohl begleitet wurde. Das Treffen fand während Benedikts Deutschlandbesuch im September 2011 in Freiburg statt (l.). Das Verhältnis zwischen Bundeskanzlerin Angela Merkel und dem Vatikan war nicht immer harmonisch. In Berlin hatten beide Gelegenheit zu einer freundschaftlichen Begegnung, und zum Rücktritt des Papstes im Februar 2013 sagte die Kanzlerin: „Benedikt XVI. ist und bleibt einer der bedeutendsten religiösen Denker unserer Zeit." (u.)

1

2

3

Ein Papst und drei Präsidenten

Während seines achtjährigen Pontifikats traf Papst Benedikt XVI. in Rom drei Bundespräsidenten. Der erste war Horst Köhler, mit dem der Heilige Vater bei einer Privataudienz über die Ursachen, Folgen und Chancen der Finanzkrise sprach. Auf Köhler, der sein Amt am 31. Mai 2010 niederlegte, folgte Christian Wulff. Dieser hatte die Ehre, Benedikt bei dessem letzten Heimatbesuch als Papst im Schloss Bellevue, dem Amtssitz des Bundespräsidenten, zu begrüßen. Nach Wulffs Rücktritt wählte die Bundesversammlung schließlich Joachim Gauck zum neuen deutschen Staatsoberhaupt. Der ehemalige protestantische Pastor besuchte den Heiligen Vater im Vatikan am 6. Dezember 2012 und bekam vom Hausherrn persönlich eine Führung durch die päpstliche Bibliothek.

Boxpromoter Don King überreicht dem Papst einen Weltmeister-Gürtel.

Die Leitung von Roms Zoo hatte ein spezielles Mitbringsel: ein echtes Krokodil.

So ein Zirkus: Benedikt bei einer speziellen Audienz für Artisten und Schausteller.

DER PAPST UND DIE MEDIEN

Im Licht der Welt

Papst Benedikt XVI. tat sich nicht leicht mit Medien und hat mit seinen Interviews doch für überraschende Premieren gesorgt. Er inszenierte sich nicht für die Medien, sondern vertraute ganz der Kraft des Wortes, über die er verfügt wie kaum ein anderer. Der Papst und die Medien – ein spannender und spannungsreicher Gegensatz.

Nie unbeobachtet: Papst Benedikt auf dem Petersplatz, umringt von Fotografen.

Der selige Johannes Paul II. war ein Medienprofi. In seinem fast 27-jährigen Pontifikat hat der polnische Pontifex nicht nur seine Botschaft wirken lassen, sondern durchaus auch sich selbst und das Petrusamt inszeniert. Durch sein öffentliches Leiden sandte er eine Botschaft, die in dem berühmten Satz gipfelte: „Vom Kreuz steigt man nicht herab."

Benedikt XVI. ist seinem polnischen Freund in vielem nachgefolgt, medial nicht. Er küsste nicht den Boden fremder Länder und zeigte sich nicht beim Skifahren. In der Öffentlichkeit betete er bescheiden und unauffällig, und er wollte die Gebrechen des Alters nicht bis zum Ende aller Welt demonstrieren.

Diese Zurückgenommenheit, Bescheidenheit, fast Scheu hat Benedikt indes nicht geschadet. Sogar das Nachrichtenmagazin *Der Spiegel*, das sich nur allzu gern gegen Rom wendet, schrieb über den Papst aus Deutschland: „Er ist in Köln und Bayern gefeiert worden wie die Nationalmannschaft. Und nach seiner Regensburger Vorlesung hat er den intellektuellen Diskurs urbe et orbe geprägt wie kaum ein Papst zuvor. (...) Die säkularisierte Kultur ist neugierig geworden. Sie kokettiert mit der Una Sancta. Für sie ist B XVI. der Richtige. Johannes Paul war der Papst der Bilder, Benedikt ist der Papst des Wortes. Er hat Verständnis für die Nichtglaubenden. Er sagt nicht wie sein Vorgänger: Hinknien und Rosenkranzbeten. Er sagt: Die Aufklärung muss aufgeklärt werden. Er ist ein Intellektueller, der die Ratio nicht durch Mystik ersetzt, sondern in den Dienst des Glaubens nimmt."

Und bereits kurz nach der Papstwahl kam der Professor und Medienforscher Andreas Hepp zu diesem Urteil: „Papst Johannes Paul II. wurde als Medienstar gefeiert. Papst Benedikt XVI. kommt, obwohl er ganz anders agiert, in den Medien auch sehr gut an. Welches ist sein Charisma? Jeder Papst hat erst einmal durch die Position, die er in der katholischen Kirche hat, ein ‚Amtscharisma'. (...) Als ‚Marke' muss der Papst über verschiedenste kulturelle Kontexte hinweg kommunizierbar sein. Und das ist er auch – vor allem wegen seines Amtscharismas", analysierte Hepp im Jahr 2006.

Am Ende seines Pontifikats,

nach fast acht Jahren, ist ein anderes Urteil zu fällen. Einen Amtsbonus hatte Benedikt XVI. nicht mehr. Der Anfangsbegeisterung, zumindest im „Wir-sind-Papst"-Deutschland, folgten Angriffe, die den Pontifex in Sippenhaft für alles nahmen, was man der Religion generell und Angehörigen dieser Kirche konkret vorwarf. Ihren Anteil daran haben auch die Bedingungen der Kommunikationsarbeit des Heiligen Stuhls, die den Anforderungen einer globalisierten Medienwelt nur unzureichend gewachsen waren. Ein Beispiel: Im Jahr 2010 wurde der Neuevangelisierungsrat ins Leben gerufen, eines der wichtigsten Projekte im Pontifikat Benedikts XVI. Die Präsentation des Gründungspapiers *Ubicumque et semper (Überall und immer)* fand am 12. Oktober 2010 im Pressesaal des Heiligen Stuhls statt. Der päpstliche Text, das *Motu proprio,* wurde an die anwesenden

Premiere: Papst Benedikt XVI. stellt sich 2006 in Castel Gandolfo den Fragen von vier deutschen TV-Journalisten.

Journalisten verteilt. Verfasst war es weder auf Englisch noch auf Spanisch und auch nicht auf Französisch. Es gab nur zwei Sprachversionen, eine lateinische und eine italienische. Ein englischsprachiger Journalist meldete sich zu Wort und kommentierte trocken: „Die Welt versteht kein Italienisch."

Das Debakel um den ehemaligen Bischof der Piusbruderschaft, Richard Williamson, dagegen war für die vatikanische Kommunikation verheerend. Während die Presse bereits über seine Holocaust-Leugnungen in einem Interview berichtet hatte, veröffentlichte der Vatikan wenig später ein Dokument, mit dem die Exkommunikation der vier Lefebvre-Bischöfe aufgehoben wurde, zu denen auch Williamson gehörte. Nach weltweiter Entrüstung gestand der Vatikan „Kommunikationsfehler" ein, und Papst Benedikt XVI. musste schließlich öffentlich eingestehen: „Ich höre, dass aufmerksames Verfolgen der im Internet zugänglichen Nachrichten es ermöglicht hätte, rechtzeitig von dem Problem Kenntnis zu erhalten. Ich lerne daraus, dass wir beim Heiligen Stuhl auf diese Nachrichtenquelle in Zukunft aufmerksamer achten müssen."

„Ich lerne daraus, dass wir beim Heiligen Stuhl auf diese Nachrichtenquelle in Zukunft aufmerksamer achten müssen."

PAPST BENEDIKT XVI. IM JAHR 2009 ÜBER DAS INTERNET

Diese Worte hat der Heilige Stuhl

ernst genommen. In den letzten Jahren hat sich die Medienarbeit deutlich verbessert. Das beginnt bei Kleinigkeiten; so erscheint ein Großteil aller Dokumente inzwischen in den wichtigsten Sprachen. Zugleich engagierte sich der Vatikan intensiv auf Social-Media-Plattformen: Für Benedikt XVI. wurden ein YouTube-Kanal eingerichtet und mehrere Twitter-Accounts, die der Papst natürlich nicht selbst bediente, denen er aber seinen Namen lieh.

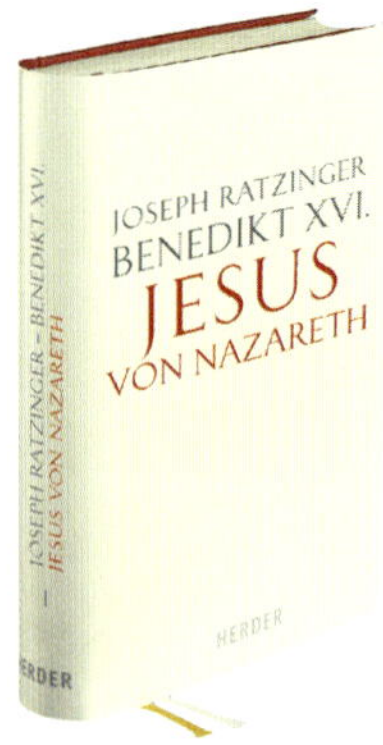

Das publizistische Hauptwerk im Pontifikat von Benedikt XVI.: die Jesus-Trilogie.

Der Heilige Vater hat zudem in den klassischen Medien Akzente gesetzt. Vor seiner Bayernreise im September 2006 gab er mehreren deutschen Fernsehanstalten ein gemeinsames Interview. Das hatte vor Benedikt XVI. noch kein Papst getan. Am Karfreitag 2011 stellte er sich in der zuvor aufgezeichneten Sendung *A Sua Immagine* gar sieben Fragen, die italienische Bürger hatten einschicken können – ein weiteres Novum.

Das alles mag nicht nach dem Geschmack Benedikts XVI. gewesen sein. Doch er hat es getan um der Verkündigung willen. Der Papst, der nicht Medium sein wollte, musste Medium werden um seiner Botschaft willen. Auf diese Weise hat er dafür gesorgt, dass praktisch und theoretisch das im Vordergrund steht, worum es im Christentum zu einem beträchtlichen Teil geht: das Wort. Das fleischgewordene Wort als Jesus Christus, das verkündete Wort als Dienst der Kirche.

Benedikt war ein Papst des Wortes.

Er war mehr ein Papst des Wortes als jeder andere Pontifex der Neuzeit. Er hat sich zu den zentralen Themen unserer Zeit geäußert. In seiner typischen Sprache, die klar, aber nicht kalt war. Seine Theologie ist spirituell, seine Spiritualität ist theologisch. Theologie ohne gelebten Glauben ist für ihn ein Unding. Den Predigten und Ansprachen Benedikts XVI. merkt man an, dass der junge Joseph Ratzinger Gedichte schrieb. Liest man seine Werke, versteht man, weshalb er in einem Interview einmal antwortete: „Das Lebensgefühl der Romantik hat mich tief berührt: von der Dichtung her, von der Musik her und eben dem ganzen Lebensgefühl." Und Ratzinger schwärmte weiter: „Ich denke, Träumen gehört zum Leben." Diese besondere Art hat Benedikt XVI. zum Bestseller-Autor gemacht. Zu einem Papst, der mit seinen Veröffentlichungen die Bücher-Hitlisten lange anführte und theologische Themen plötzlich spannend gemacht hat.

Die meisten Bücher Benedikts XVI. sind thematische Zusammenstellungen von Aufsätzen und Vorträgen, darunter wichtige Werke über die Kirche (*Zur Gemeinschaft gerufen* von 1991), über das christliche Verhältnis zu den Weltreligionen (*Glaube – Wahrheit – Toleranz* von 2003) und über gesellschaftliche Fragen (*Werte in Zeiten des Umbruchs* von 2005).

Eine Sensation: Aus vielen Gesprächen mit dem deutschen Journalisten Peter Seewald (gr. Foto l.) entstand das Interview-Buch „Licht der Welt", in dem der Papst offen Auskunft gibt über die Kirche, den Vatikan und sich selbst.

Besondere Aufmerksamkeit weckte der Heilige Vater und frühere Kardinal mit seinen Interviewbüchern: 1984 ging aus dem Gespräch mit dem italienischen Journalisten Vittorio Messori *Zur Lage des Glaubens* hervor, international bekannt als *The Ratzinger Report*. In Deutschland noch berühmter sind die drei Bände, die aus den Gesprächen mit dem Journalisten Peter Seewald entstanden sind: *Salz der Erde*, *Gott und die Welt* und *Licht der Welt*. *Licht der Welt* war ein besonderer Coup, schließlich stand hier 2010 erstmals ein Papst, das Oberhaupt der katholischen Kirche, Rede und Antwort. Und er tat das in einer offenen Weise, die viele überrascht hat. Zum Beispiel mit der Passage, in der Benedikt XVI. den Rücktritt eines Papstes als Möglichkeit und unter Umständen sogar als Pflicht bezeichnete – aus heutiger Sicht eine Schlüsselstelle.

Benedikts Interview-Bücher

sind schon aufgrund ihrer speziellen Aufbereitung interessant. Nie zuvor gab ein Stellvertreter Christi so detailliert Auskunft über die Welt, den Vatikan und vor allem auch sich selbst. Möchte man mehr über den Menschen Benedikt XVI. erfahren, so sind neben seiner Autobiografie *Aus meinem Leben* diese Interviewbände ein Muss. Wer dagegen in erster Linie Benedikts XVI. theologische Wurzeln und Überzeugungen kennenlernen möchte, der kommt an der Jesus-Trilogie nicht vorbei. Entstanden sind die drei Bände vor allem in den Sommermonaten in Castel Gandolfo; sie sind das publizistische Hauptwerk des Pontifikats. Bewusst hat Benedikt XVI. die Trilogie als „persönliche Suche“ veröffentlicht und betont, es handle sich nicht um ein amtliches Lehrschreiben. Stattdessen bittet er um „jenen Vorschuss an Sympathie, ohne den es kein Verstehen gibt“.

Vom renommierten Neutestamentler Thomas Söding und anderen katholischen wie evangelischen Kollegen hat er den bekommen.

Mit einem iPad startete Papst Benedikt einen neuen Nachrichtendienst des Vatikans.

Im Vorwort zu ihrer Kritik des Jesusbuches schrieb Söding: „Das Jesusbuch des Papstes ist ein Ereignis. Noch nie hat ein Papst ein Jesusbuch geschrieben, noch nie so offen zur Diskussion eingeladen.“

Warum aber hat Benedikt XVI. diese Trilogie unbedingt veröffentlichen wollen? Weil er damit den Grundlagen des Glaubens selbst auf den Grund geht. Nur wenn Jesus gelebt und nur wenn er tatsächlich Gottes Wort offenbart hat, nur wenn er für uns gestorben und nur wenn er wirklich auferstanden ist, kann er eine existenzielle Bedeutung für die Menschen haben. Der deutsche Papst wollte belegen, was 2000 Jahre lang selbstverständlich war und heute immer weniger wird: dass die Worte Jesu authentisches Gotteswort und die Jünger dem Auferstandenen begegnet sind. Dass Jesus wirklich Gottes Sohn ist und Gott sich in Jesu Worten und Taten unüberbietbar offenbart. In seinem Fall sind Medium und Botschaft tatsächlich identisch. So kommt in der Jesus-Trilogie das publizistische Wirken Benedikts XVI. zwar nicht zu einem Abschluss, aber doch zu einer Zusammenfassung: Benedikts Worte drehen sich um das Wort. Das Wort, das fleischgeworden ist in Jesus Christus, Gottes Sohn.

Gnade vor Recht

Vatileaks hat den Vatikan in seinen Grundfesten erschüttert. Der Diebstahl privater Dokumente des Papstes stürzte den Heiligen Stuhl in eine schwere Krise. Benedikt XVI. hat das tief getroffen. Der Täter, der Kammerdiener, wurde verurteilt – und am Ende vom Papst persönlich begnadigt.

Verrat und Intrige hat es immer gegeben, auch im Vatikan. Trotzdem gehört der Geheimnisverrat, der im Jahr 2012 als *Vatileaks* publik wurde, zu den größeren Skandalen der jüngeren Kirchengeschichte. Besonders auch deshalb, weil der Protagonist zum innersten Kreis des Apostolischen Palastes gehörte. Paolo Gabriele war päpstlicher Kammerdiener und hatte Zugang zu den privaten Gemächern Benedikts XVI. Von dort ließ er über Jahre persönliche Dokumente mitgehen, um sie schließlich einem Journalisten weiterzugeben. Am Ende wurde Gabriele enttarnt und verurteilt. Und von Benedikt höchstpersönlich begnadigt.

Die Chronologie von *Vatileaks* ist weitgehend rekonstruiert: Paolo Gabriele arbeitet zunächst als Reinigungskraft im Vatikan, ehe er 2006 in den Apostolischen Palast und zum Kammerdiener des Papstes berufen wird. Er geht dem Heiligen Vater zur Hand, bei öffentlichen Auftritten sieht man ihn oft vorne im Papamobil sitzen. Irgendwann beginnt *Paoletto*, so sein Spitzname im Vatikan, private Papiere mitzunehmen. Sogar vom Schreibtisch des Papstsekretärs Georg Gänswein entwendet Gabriele Dokumente, Wertgegenstände und sogar einen Scheck über 100.000 Euro, den er allerdings nie einlöst. Dass er ein Dieb ist, fällt zunächst nicht auf, selbst dann nicht, als wiederholt geheime Dokumente in italienischen Medien auftauchen. Schließlich veröffentlicht der Journalist Gianluigi Nuzzi das Buch *Sua Santità – Le carte segrete di Benedetto XVI. (Seine Heiligkeit – Die geheimen Dokumente von Benedikt XVI.)* mit einer Fülle an Papieren, zu denen nur ganz wenige Zutritt hatten.

Papstsekretär Gänswein greift ein.

Nach mehreren Gesprächen mit den engsten Mitarbeitern konfrontiert Gänswein Gabriele direkt mit seinem Verdacht. Dieser leugnet zunächst, doch irgendwann hilft alles Abstreiten nichts mehr. Gabrieles Wohnung wird durchsucht, die Gendarmerie beschlagnahmt Unmengen an brisantem Material. Der 46-Jährige wird festgenommen und kommt in Untersuchungshaft. Gabriele wird wegen schweren Diebstahls angeklagt. Mit auf der Anklagebank sitzt Claudio Sciarpelletti, ein Informatiker aus dem vatikanischen Staatssekretariat. In seinem Schreibtisch wurde ein Umschlag gefunden, den er von Gabriele erhalten haben soll und der Kopien von Dokumenten enthielt, die in *Seine Heiligkeit* abgedruckt waren.

Claudio Sciarpelletti wird zu zwei Monaten Gefängnis auf Bewährung verurteilt, Haupttäter Paolo Gabriele bekommt 18 Monate Haft; auch das ist ein vergleichsweise mildes Urteil. Und nicht einmal die muss er absitzen: Papst Benedikt XVI. besucht kurz vor Weihnachten 2012 seinen ehemaligen Kammerdiener, spricht etwa 15 Minuten mit ihm und begnadigt Gabriele. Die Affäre *Vatileaks* könnte damit zu Ende sein, aber sie ist es nicht. Denn Paolo Gabrieles Motive bleiben weitgehend im Dunkeln, seine Angaben dazu scheinen nur bedingt glaubhaft.

Als Kammerdiener gehörte Paolo Gabriele zum innersten Kreis des Papstes und genoss sein Vertrauen.

„Ich habe aus reiner, hingebungsvoller Liebe für die christliche Kirche und ihren weltlichen Anführer gehandelt." Mit diesen Worten beendet Paolo Gabriele sein Schlusswort am Ende des Prozesses. Bereits damals hatten sich viele gewundert: Aus Liebe wurde Gabriele zum „Raben", wie man in Italien solche Geheimnisverräter nennt? Aus Liebe habe er Dokumente gestohlen, in denen nicht nur finanzielle Details, sondern sogar medizinische Gutachten über die Gesundheit des Papstes standen? Aus Liebe habe er sie Gianluigi Nuzzi gegeben mit der Begründung: „Die Kirche ist eine Institution göttlichen Ursprungs, weil sie, so glauben wir, von Gottes Sohn begründet worden ist. Und deswegen glauben wir an sein Wort, das uns von der Kirche vermittelt wird. Wenn die Kirche sich dann auf Strukturen stützt, die den Glauben behindern, dann ist das nicht in Ordnung"?

Damit ist man beim eigentlichen Dilemma des Skandals: *Vatileaks* hat Verschwörungstheorien angefacht, die von einem Komplott gegen den Papst handeln und die das Vertrauen in den Heiligen Stuhl beschädigten. Als würde im Vatikan ein *bellum omnium contra omnes* herrschen, ein Krieg aller gegen alle. Mit dem Papst in der Mitte und zwischen allen Fronten. Das ist das Bild, das für viele Beobachter übrig bleibt von *Vatileaks*. Die *Una sancta* wirkte plötzlich alles andere als heilig, sondern eher wie ein „Abgrund von Neid und Eifersucht", wie deutsche Journalisten titelten.

Nur einer meldete sich während all der Vorkommnisse kaum zu Wort: der Papst selbst. Nur einmal gewährte er der Öffentlichkeit einen kurzen Einblick in seine Gefühlswelt, und wer den Heiligen Vater kannte, konnte ahnen, wie schwer ihn der Vertrauensbruch in seinem engsten Umfeld getroffen und verletzt haben muss: „Die Ereignisse der vergangenen Tage, in deren Mittelpunkt die Kurie und meine Mitarbeiter standen, haben mein Herz mit Traurigkeit erfüllt."

„Die Ereignisse der vergangenen Tage haben mein Herz mit Traurigkeit erfüllt."

PAPST BENEDIKT XVI. ÜBER DIE VATILEAKS-AFFÄRE

1

2

3

4

5

Die Vertrauten des Papstes

Georg Ratzinger kennt jeder als den Bruder des Papstes. Doch es gab noch eine andere Familie des deutschen Pontifex – die Menschen, die fast jeden Tag mit ihm verbrachten: die „Päpstliche Familie".

1 Bei jeder Liturgie dabei: der Päpstliche Zeremonienmeister Guido Marini.

2 Die rechte Hand des Papstes: Kurienerzbischof Georg Gänswein.

3 Lagebesprechung in Mexiko mit Kardinalstaatssekretär Tarcisio Bertone (ganz l.) und „Innenminister" Angelo Becciu (2.v.r.).

4 Oberst Daniel Rudolf Anrig leitet seit 2008 die Schweizergarde.

5 Kapuzinerpater Raniero Cantalamessa war der Prediger des Päpstlichen Hauses.

Spricht man von der Familie des zurückgetretenen Papstes, denkt man sofort an seinen Bruder Georg. Nach vatikanischen Maßstäben gibt es aber noch eine zweite, die Päpstliche Familie, die *Famiglia Pontificia*. Dazu gehören Personen, die dem Papst jeden Tag begegnen, ihm helfen und zum Teil sogar mit ihm unter einem Dach wohnen.

An erster Stelle: Georg Gänswein.

Georg Gänswein ist einer von zwei Privatsekretären des Papstes und sein engster Mitarbeiter. Er diente Benedikt XVI. bereits vor dessen Wahl auf den Stuhl Petri als Assistent. Als er mit in den Vatikan umzog, sagte ihm sein Vorgänger als päpstlicher Privatsekretär, der heutige Krakauer Kardinal Stanisław Dziwisz: „Du hast jetzt eine sehr wichtige, sehr schöne, aber sehr, sehr schwierige Aufgabe. Das Einzige, was ich dir sagen kann, ist, dass der Papst von nichts und niemandem erdrückt werden darf. Wie das geht, musst du selbst herausfinden."

Kurz vor seinem Rücktritt ernannte Papst Benedikt XVI. den gebürtigen Schwarzwälder am 7. Dezember 2012 zum Kurienerzbischof und Präfekten des Päpstlichen Hauses. Damit wurde Gänswein verantwortlich für alle nichtliturgischen Veranstaltungen oder Treffen im Apostolischen Palast. Gänswein dankte Benedikt XVI. auf seine Weise und versprach, ihm auch nach seinem Rücktritt als Sekretär zur

Verfügung zu stehen. Sein Amt als Präfekt des Päpstlichen Hauses wird er darüber hinaus auch unter einem neuen Papst ausüben. Neben Georg Gänswein stand dem Papst Alfred Xuereb als zweiter Privatsekretär zur Seite. Der gebürtige Malteser trat sein Amt im Jahr 2007 an. Unter anderem begleitete er den Heiligen Vater auf seinen Reisen und wohnte wie dieser im Apostolischen Palast, im Geschoss direkt über der Papstwohnung.

Ebenfalls eine enge Beziehung zum Pontifex hatte der Kammerdiener, allerdings ist diese Geschichte kompliziert: Paolo Gabriele entpuppte sich als Haupttäter im *Vatileaks*-Skandal. Er wurde zu 18 Monaten Gefängnis verurteilt und schließlich von Benedikt XVI. begnadigt. Sein Nachfolger Sandro Mariotti ließ sich dagegen nichts zuschulden kommen und diente dem Heiligen Vater ergeben. Zu Gesicht bekam man ihn meistens dann, wenn er vor dem Papst im Papamobil Platz nahm.

Für das persönliche Wohl

des Heiligen Vaters mindestens genauso wichtig waren die vier Haushälterinnen, die *Memores Domini*, eine Gruppe der italienischen Laienbewegung *Comunione e Liberazione (Gemeinschaft und Befreiung)*. Loredana, Carmela, Cristina und Rossella kümmerten sich beispielsweise um das leibliche Wohl des Papstes: Loredana war die Pasta-Expertin und für die Lieferungen aus dem vatikanischen Supermarkt zuständig, Dolce-Spezialistin Carmela für die von Benedikt XVI. geliebten Süßspeisen. Cristina richtete die Privatkapelle des Papstes her, und Rossella kümmerte sich um die Gemächer der beiden Privatsekretäre.

Weniger nah, aber auf einer anderen Ebene ebenso wichtig für Benedikt XVI. waren die Kurienerzbischöfe Angelo Becciu und Dominique Mamberti, der „Innen"- und der „Außenminister" des Vatikans. Als „Substitut des Staatssekretariats" leitete der Italiener Becciu die „Sektion für Allgemeine Angelegenheiten", eine von zwei Sektionen im vatikanischen Staatssekretariat, während der gebürtige Marokkaner Mamberti für die „Beziehungen mit den Staaten" zuständig war.

Ebenfalls zum engeren Umfeld gehörten Wojciech Giertych, Raniero Cantalamessa und Guido Marini. Diese drei haben eines gemeinsam: Sie waren wichtige Ansprechpartner und Helfer in religiösen und liturgischen Angelegenheiten. Wojciech Giertych hatte als Päpstlicher Haustheologe die arbeitsintensive Aufgabe, Texte des Papstes theologisch durchzusehen oder andere relevante Dokumente zu sichten. Der Kapuzinerpater Raniero Cantalamessa amtierte als Prediger des Päpstlichen Hauses und folgte damit einer langen Tradition: Seit dem 18. Jahrhundert stellen immer die Kapuziner den *Predicatore*, der in der Fasten- und der Adventszeit jeden Freitag für den Papst, die Kardinäle, Bischöfe, Prälaten und Generaloberen der Orden predigt. Besonders ehrenvoll: Am Karfreitag sprach stets Cantalamessa. Der Todestag Jesu ist der einzige Tag, an dem der Heilige Vater einer liturgischen Feier vorsteht, aber nicht die Predigt hält.

Für alle liturgischen Feiern war Guido Marini zuständig; er trug den Titel des Päpstlichen Zeremonienmeisters. Der in Genua geborene Marini ist auf sehr vielen Fotos mit dem deutschen Papst zu sehen: Bei allen Gottes-

„Das Einzige, was ich dir sagen kann, ist, dass der Papst von nichts und niemandem erdrückt werden darf. Wie das geht, musst du selbst herausfinden."

STANISŁAW DZIWISZ, PRIVATSEKRETÄR VON PAPST JOHANNES PAUL II., ZU GEORG GÄNSWEIN

diensten stand er direkt links hinter dem Pontifex. Er war für den reibungslosen Ablauf der Feiern verantwortlich.

Eine besondere Verantwortung hatte

auch Oberst Daniel Rudolf Anrig inne, eine historische gewissermaßen. Als Kommandant der Schweizergarde sorgt sich der 40-Jährige seit 2008 mit seiner 110-köpfigen Armee um die Sicherheit des Papstes, so wie es das Korps seit seiner Gründung durch Julius II. im Jahr 1506 immer getan hat.

Zum Kreis der Päpstlichen Familie gehörten noch eine Reihe weiterer wichtiger Kleriker und Laien wie der Thronassistent Fürst Alessandro Torlonia. Die frühere Hamburger Musikprofessorin Ingrid Stampa, die Kardinal Ratzinger 14 Jahre lang den Haushalt geführt hatte, war während des Pontifikats mit der Übersetzung der Reden und Schriften Benedikts betraut. Eine besondere Rolle spielte auch die Schönstatt-Schwester Birgit Wansing. Sie nämlich war es, die die winzigen handschriftlichen Notizen des Kardinals und späteren Papst Benedikts XVI., die er in einer Mischung aus Mikroschrift und Steno zu Papier gebracht hatte, in den Computer eingab. Die zahlreichen Werke Benedikts XVI., mit denen er zum Bestseller-Autor wurde, wären ohne ihr Mitwirken kaum oder ungleich mühsamer zustande gekommen. Aus diesem Grund war sie eine der Ersten, die den Heiligen Vater morgens treffen durften, jeden Tag gegen 9 Uhr. Wie wichtig diese Mitglieder der Päpstlichen Familie für Benedikt XVI. waren, lässt sich kaum würdigen. Ein Vatikanjournalist tat es im Jahr 2011 dennoch: Er kürte Schwester Birgit Wansing zu einer der Top-Ten-Katholiken des Jahres.

Der Malteser Alfred Xuereb war der zweite Privatsekretär von Papst Benedikt XVI.

Birgit Wansing übertrug die Notizen des Papstes in den Computer.

Ingrid Stampa war 14 Jahre lang die Haushälterin von Joseph Ratzinger.

DER PAPST PRIVAT

Mensch, Benedikt!

Der Stellvertreter Christi auf Erden steht immer in der Öffentlichkeit. Das war bei allen Päpsten so und bei Benedikt XVI. nicht anders. Und dennoch gibt es sie, die weniger bekannten Seiten des Papstes aus Deutschland.

Ein gelöster Benedikt XVI. winkt aus dem Auto nach seinem Abendspaziergang im Aosta-Tal, wo er 2006 seinen Sommerurlaub verbringt.

Knapp acht Jahre lang sah man den Papst beim Angelus-Gebet am Fenster seines Arbeitszimmers im Apostolischen Palast. Und so sieht es von der anderen Seite aus.

Der Papst Benedikt XVI. spricht das Angelusgebet traditionell aus dem Fenster seines Arbeitszimmers.

Der Privatsekretär Georg Gänswein verfolgt mit dem Manuskript in der Hand gespannt die Übertragung des Angelus.

Die Möbel Mobiliar und Bücher hat der Papst aus seiner früheren Wohnung mitgebracht.

Der zweite Sekretär Der Malteser Alfred Xuereb war seit 2007 zweiter Privatsekretär des Papstes.

Die Zeitung Informationen aus der Heimat: Auf dem Schreibtisch des Papstes liegt die „Mittelbayerische" aus Regensburg.

Der Bildschirm Das Angelusgebet wird auch in das Arbeitszimmer übertragen.

Joseph Ratzinger liebt die Berge. 2005 besuchte er den Montblanc.

Lange Spaziergänge in der Sommerresidenz Castel Gandolfo waren eine Lieblingsbeschäftigung des Papstes.

Gerade im Urlaub verbrachte der Papst viel Zeit mit seinem Bruder Georg.

Joseph Ratzinger ist ein passionierter Klavierspieler.

In seltenen Mußestunden hatte der Papst Gelegenheit, Bücher zu lesen.

Auch im Urlaub war Papst Benedikt immer erreichbar.

Bescheiden, diszipliniert, präzise: So war Benedikt XVI. nicht nur in seinem Amt als Papst, sondern auch in seiner knapp bemessenen Freizeit.

Musik: „Geschenk Gottes"

Joseph Ratzinger liebt klassische Musik, und er ist selbst ein passionierter Klavierspieler. Es war bewegend zu sehen, mit welcher Verzückung Papst Benedikt XVI. im Jahr 2010 dem Verdi-Requiem, dirigiert von Enoch zu Guttenberg, lauschte. Noch lieber als Giuseppe Verdi indes hört er die Symphonien Wolfgang Amadeus Mozarts. Er beschrieb die Werke des Genies einmal als „Geschenke Gottes" und erinnerte sich an seine ersten Eindrücke aus der Kindheit: „Ich spürte in meinem Herzen, dass mich ein Strahl himmlischer Schönheit erreicht, und dieses Empfinden stellt sich auch heute noch jedes Mal aufs Neue wieder ein." Eine Darbietung der c-Moll-Messe 1941 in Salzburg habe ihn spüren lassen, dass dies weniger ein Konzert, sondern „gebetete Musik, dass es Gottesdienst" gewesen sei. Neben Mozarts Werken schätzt Ratzinger besonders die Kompositionen des polnischen Meisters Frédéric Chopin und von Giovanni Pietro da Palestrina, der im 16. Jahrhundert für die Päpste komponiert hatte.

Für den deutschen Papst gehörte das eigene Klavierspiel zu den wenigen Momenten der Entspannung, die er sich in seinem anstrengenden Alltag als Oberhaupt der katholischen Kirche gönnen konnte. Eine feste Institution war das gemeinsame Musizieren mit seinem Bruder Georg und mit seinen Privatsekretären und Haushälterinnen an Weihnachten. Sogar sein Lieblingsweihnachtslied ist bekannt, dank seines langjährigen Vertrauten Thaddäus Kühnel. Der Direktor einer Münchner Privatbank brachte dem Papst jedes Jahr Tannenbäume, Adventskränze und bayerische Köstlichkeiten in den Vatikan. Von ihm stammt die Information, der Papst liebe den Klassiker *Es ist ein Ros entsprungen* über alles.

Essen: Faible für Frittatensuppe

Papst Benedikts Vorgänger Johannes Paul II. liebte es, in großer Gesellschaft zu Mittag zu essen und als Digestif auch einmal einen Wodka zu trinken. Benedikt XVI. dagegen zog ein einfaches *Pranzo* vor, er galt auch nie als großer Esser. Zu Mittag gab es oft Fisch und Gemüse und natürlich oft eine Pasta als ersten Gang. Gar nicht abgeneigt war der Heilige Vater, wenn es um Nachspeisen ging, Tiramisu zum Beispiel, ein Stück Sachertorte oder einen Strudel. Für Torte und Strudel hatte er als Kardinal regelmäßig ein Stammrestaurant aufgesucht, die *Cantina Tirolese* in der Via Vitelleschi. Dort gibt es noch heute einen Tisch, die Nummer Sechs, die als „Stammplatz des Papstes" bezeichnet wird, auch wenn er nach seiner Wahl zum Pontifex natürlich überhaupt nicht mehr dort war. Die Besitzerin des Restaurants, Michaela Macher, hatte den damaligen Kardinal als großen Suppenfan kennengelernt mit einem Faible für die hausgemachte Frittatensuppe, gefolgt von einem saftigen Gulasch mit Knödel. Zum Trinken bevorzugte Benedikt XVI. nichtalkoholische Getränke wie Limonade. Nur ganz selten

Im Sommerurlaub 2009 hatte sich Papst Benedikt XVI. im Aosta-Tal das Handgelenk gebrochen.

Thaddäus Kühnel, ein Papst-Vertrauter aus München, brachte jedes Jahr Adventskränze und Weihnachtsgebäck in den Vatikan.

hat man ihn mit einem kleinen Bier in der Hand sehen können – und auch das selbstverständlich *vor* seiner Berufung auf den Stuhl Petri.

Mode: Ganz in Weiß

Keine Kleinigkeit war klein genug, um über sie zu Beginn der großen „Wir-sind-Papst"-Euphorie nicht zu berichten. Dazu gehörte, dass Benedikt XVI. plötzlich zur Ikone der Medien und der Werbung wurde; der *Prada-Papst* war geboren. Das war natürlich übertrieben, aber das eine oder andere Mal konnte man den Heiligen Vater tatsächlich mit modischen Accessoires sehen. Seine Lesebrille stammte von *Cartier*, bei seinen Sonnenbrillen vertraute er auf die Marke *Bushnell*. Im Aosta-Tal wanderte Benedikt XVI. mit geschenkten *Geox*-Stiefeln. Die noch berühmteren Schuhe, die roten, waren dagegen lange Teil eines Mythos. Angeblich sollten sie von *Prada* stammen. Tatsächlich aber wurden sie von Adriano Stefanelli gefertigt, dem Schuhstar am italienischen Stiefel. Der Schuhmacher aus dem Piemont hatte bereits für Johannes Paul II. gearbeitet und seine Schuhe, Größe 42, auch Benedikt XVI. geschickt. Ansonsten war die Kleidung des zurückgetretenen Papstes wenig abwechslungsreich. Sogar daheim im Apostolischen Palast trug Benedikt stets nur eine Farbe: Weiß.

Beten: Gott für seine Werke loben

Benedikt XVI. war kein Mensch, der das Private in die Öffentlichkeit trug. Umso überraschender, dass er einmal über das Privateste überhaupt, seine Bet-Beziehung zu Gott, sprach: „Natürlich bete ich zuallererst immer zu unserem Herrn, mit dem mich einfach sozusagen diese alte Bekanntschaft verbindet", erzählte er im Interview-Buch *Licht der Welt*, und er fuhr fort: „Aber ich rufe auch die Heiligen an. Ich bin mit Augustinus, mit Bonaventura, mit Thomas von Aquin befreundet. Man sagt dann auch zu solchen Heiligen: Helft mir!"

Bei diesen Worten erinnert man sich an die unzähligen Male, bei denen man den Heiligen Vater hat stehen oder knien sehen. Mit gefalteten Händen, mit mal geschlossenen, mal geöffneten Augen. Er widmete dem Beten einen eigenen Zyklus seiner Mittwochskatechesen. Das Zwiegespräch mit dem Schöpfer, das konnte man spüren, war für Benedikt XVI. stets die Basis all seines Tuns. „Angesichts dieses Schauspiels von Wiesen, Wäldern und zum Himmel aufragenden Gipfeln steigt spontan in der Seele der Wunsch auf, Gott für seine wunderbaren Werke zu loben, und unsere Bewunderung für diese Schönheiten der Natur wird leicht zum Gebet", sagte er einmal über sein Beten während des Wanderns. Auch als Papst suchte er wie andere Menschen Zuflucht und Trost im Gebet: „Ich rede mit dem lieben Gott, vor allem bettelnd, aber auch dankend – oder ganz einfach freudig. Was den Papst angeht, so ist auch er ein einfacher Bettler vor Gott – mehr noch als alle anderen Menschen."

Als Person war er fast schüchtern

Bescheidenheit und Demut, diese Charakterzüge sind Benedikt XVI. wohl am häufigsten attestiert worden. Tatsächlich war der Heilige Vater in der direkten Begegnung zurückhaltend, fast sogar schüchtern; er hat einen überaus sanften Händedruck. Mindestens genauso bekannt ist Benedikts Bescheidenheit. So wollte er beim Umzug in den Apostolischen Palast die Möbel aus seinem alten Arbeitszimmer mitnehmen und nur die Räume etwas heller streichen lassen. Sogar den Fernseher seines Vorgängers behielt der neue Pontifex.

Ebenso beeindruckend waren Benedikts Disziplin und Präzision. Ein italienischer Journalist beschrieb ihn einmal als „Arbeitsmaschine“. Seine Präzision spiegelte sich im sorgfältigen Aktenstudium wieder, besonders aber in der Sprache des Heiligen Vaters, in der gedruckten wie gesprochenen. Joseph Ratzinger ist ein Mensch, der von Haus aus fast druckreif formuliert. Klar in der Aussage und messerscharf in der Analyse, so sind seine Sätze und Gedanken. Zu seiner Präzision gehört auch ein faszinierendes Gedächtnis, gerade für Namen. Viele Menschen, die ihn nach Jahren ein zweites Mal getroffen haben, machten die Erfahrung, dass sich der Heilige Vater noch an ihren Namen erinnern konnte.

Sein Tag: Jede Minute durchgeplant

Papst Benedikt XVI. stand jeden Morgen um sechs Uhr auf und begann seinen Tag eine Stunde später mit einer Messe und Meditation in seiner Privatkapelle. Gegen neun Uhr traf er seine Mitarbeiterin Birgit Wansing und verbrachte den Vormittag bis etwa elf Uhr mit Büroarbeit. In der Zeit bis 12.30 Uhr empfing Benedikt XVI. Gäste aus aller Welt zu Audienzen. Gegen 13.15 Uhr gab es Mittagessen, im Anschluss eine kurze Ruhepause. Von 15 bis 16 Uhr arbeitete der Papst an verschiedenen Texten, danach entspannte er kurz bei einem Spaziergang in den Vatikanischen Gärten. Ab 17 Uhr folgte das Studium von Akten und Arbeit an Ansprachen und Predigten. Nach dem Abendessen um 19.30 Uhr verfolgte der Heilige Vater die Abendnachrichten im italienischen Staatsfernsehen RAI. Gegen 21.15 Uhr, nach dem Abendgebet, zog sich Benedikt XVI. gewöhnlich in seine Privatgemächer zurück.

Urlaub: Am liebsten in der Natur

Selbst im Urlaub mochte es Benedikt XVI. möglichst schlicht. Wenn er sich nicht gerade in Castel Gandolfo, der päpstlichen Sommerresidenz, aufhielt, zog es ihn in beschauliche Gegenden. Besonders gerne verbrachte er seine knappe freie Zeit im Aosta-Tal. Seinen dritten Besuch im Juli 2009 wird er vermutlich in weniger guter Erinnerung haben, damals brach er sich das Handgelenk. Untergebracht war der Heilige Vater in einfachen Quartieren, 2006 beispielsweise in dem Dörfchen Les Combes di Introd in einem kleinen, aber schmucken Häuschen mit Blick auf das Bergpanorama. 2008 besuchte Benedikt XVI. Brixen, und auch dort wollte er nichts Besonderes: ein Zimmer im Priesterseminar, mehr nicht. Der Papst beschäftigte sich dann mit Klavierspielen, Lesen, Schreiben und vor allem langen Spaziergängen. Manchmal überraschte er dabei sogar seine Angestellten: Mit seinem Bruder Georg besuchte er im August 2011 die Kapelle Santa Maria in Valle Porclaneta in den Abruzzen – der Ausflug war so geheim, dass die meisten Medien erst Monate danach darüber berichteten.

Mit einer Messe und Meditation in seiner Privatkapelle begann der Papst seinen Tag um sieben Uhr morgens.

4.000.000
Mal wurde in den ersten 24 Stunden nach dem angekündigten Rücktritt das Wort „Papst“ getwittert.

2.700.000
Menschen folgten Papst Benedikt XVI. bei Twitter.

1.500.000
Menschen feierten mit dem Papst die Abschlussmesse beim Weltjugendtag in Madrid.

719
Jahre sind seit dem letzten freiwilligen Rücktritt eines Papstes vergangen. Im Jahr 1294 verzichtete Coelestin V.

600
Publikationen hat Joseph Ratzinger schon vor seiner Wahl zum Papst veröffentlicht.

265
Päpste gab es bisher seit Petrus.

115
Kardinäle wählten Joseph Ratzinger am 19. April 2005 im vierten Wahlgang zum Papst.

26
Stunden dauerte das Konklave. Es war eines der kürzesten der Kirchengeschichte.

24
Auslandsreisen unternahm Benedikt XVI. in seinem Pontifikat.

20
ist die Anzahl der Sprachen, in die die Jesus-Trilogie von Benedikt XVI. übersetzt wurden.

8
deutsche Päpste gab es bislang.

7
Ehrendoktortitel wurden Papst Benedikt XVI. verliehen.

5
lebende Sprachen beherrscht Joseph Ratzinger:
Deutsch, Englisch, Französisch, Italienisch und Spanisch.
Dazu kommen Latein, Hebräisch und Altgriechisch.

3
Enzykliken hat Papst Benedikt XVI. veröffentlicht:
Deus caritas est, *Spe salvi* und *Caritas in veritate*.

EIN GEMEINSCHAFTSPROJEKT
DES VERLAGS HERDER UND DER VERLAGSGRUPPE WELTBILD

www.herder.de
www.weltbild.de

Eine Produktion von lorenzspringer medien, München

Redaktionsschluss: 1. März 2013

Gesamtleitung: Burkhard Menke (Herder), Guido Schröer (Weltbild)
Redaktionelle Leitung: André Lorenz (Texte: „Wir sind Papst!", S. 62ff.; „Benedikts Momente", S. 72ff.)
Art Direction: Klaus Springer
Textredaktion: Simon Biallowons (Texte: „Im Gebet bleiben wir, liebe Freunde, einander nahe", S. 8ff.; „Ich will Kardinal werden!", S. 28ff.; „Der Mozart der Theologie", S. 36ff.; „Mitarbeiter der Wahrheit", S. 46ff.; „Die Macht des Gewissens", S. 54ff.; „Wo Gott ist, da ist Zukunft", S. 86ff.; „Schuld und Sühne", S. 96f.; „Der Papst ist zuhause", S. 98ff.; „Der Marathon-Papst", S. 110ff.; „Der leise Mahner", S. 122ff.; „Im Gespräch mit den Religionen", S. 130ff.; „Der Sieg des Unwahrscheinlichen", S. 138ff.; „Die verlorenen Söhne der Kirche", S. 148f.; „Wenn du den Frieden willst, bewahre die Schöpfung", S. 150ff.; „Zu Besuch beim Papst", S. 156ff.; „Im Licht der Welt", S. 162ff.; „Gnade vor Recht", S. 168f.; „Die Vertrauten des Papstes", S. 170ff.; „Mensch, Benedikt!", S. 174ff.)
Redaktionelle Mitarbeit: Matthias Biallowons
Bildredaktion: Katharina Fink, Carolin Noack
Layout: Laura Hermann, Sabine Meyer, Julia Rudigier
Schlussredaktion: Beate Spindler
Druckvorstufe: Agentur 2 GmbH, München
Druck und Bindung: Neografia a.s., SK-Martin

Printed in the EU

ISBN 978-3-451-33407-8

Bildnachweise
Titel: L'Osservatore Romano; 1: picture alliance/zumapress.com; 2: picture alliance/Stefano Spazi; 5: Deutschen Bischofskonferenz/Sondermann; 6: Getty Images/Gamma-Rapho, ddp images/dapd/Johannes Simon, Reuters (2); 8: Reuters (11), KNA-Bild, picture alliance (dpa (3), Michael Kappeler (2), AP), Getty Images (Franco Origlia, AFP (5), Gamma-Rapho), Daniel Biskup; 26: picture alliance/Oliver Blum; 28: KNA-Bild, Archiv Johann Nußbaum (4), picture-alliance (dpa/dpaweb, KNA), Daniel Biskup; 36: picture alliance (dpa, dpa/dpaweb (3), KNA), ddp images/SIPA, KNA-Bild, Bistum Mainz, altrofoto.de, Sueddeutsche Zeitung Photo; 46: picture alliance (AP (2), dpa (2), KNA, Michael Dick), Keystone, ullstein bild/Rainer Binder, KNA-Bild (2); 54: Corbis (Gianni Giansanti/Sygma, Bettmann, Grzegorz Galazka), Reuters, laif/Sestini Agency/Gamma, picture-alliance/dpa, KNA-Bild; 62: ddp images/dapd (Johannes Simon (2), Axel Springer Verlag AG), Getty Images (AFP, Gamma-Rapho), picture alliance (Danilo Schiav, dpa/dpaweb (8), abaca), epd/Romano Siciliani, Reuters (5), imago, KNA-Bild; 72: Getty Images (AFP (2), Gamma-Rapho), Reuters , KNA-Bild, picture alliance (dpa (2), AP(4)), Reuters (2), ddp images/dapd/Uwe Meinhold, laif (CPP/Polaris, Stefano Dal Pozzolo/Contrasto), Herder Verlag; 86: laif/CPP/Polaris, Getty Images/Franco Origlia, KNA-Bild (2), Daniel Biskup; 96: picture-alliance/i15/Zuma Press; 98: Sueddeutsche Zeitung Photo/Thomas Imo/photothek.net, picture-alliance (dpa (5), dpa/dpaweb), Getty Images (4), Daniel Biskup (10), ddp images/dapd (David Hecker, Norbert Neetz/Pool); 110: picture alliance (dpa (2), AP), ullstein bild (AP, AP/Gregorio Borgia), Getty Images (AFP (4), Eric Vandeville/Gamma), Reuters (2), KNA-Bild (2), laif (Vatican Pool/Contrasto, CPP/Polaris), Fotofinder/Alessia Giuliani/CPP/Ciric; 122: ddp images/dapd/Clemens Bilan, picture-alliance/dpa (4) , Getty Images/Eric Vandeville/Gamma, Reuters , Tony Mondello/Allpix Press; 130: Getty Images (5), picture-alliance/dpa, Daniel Biskup; 138: Getty Images/AFP, Reuters, picture alliance (dpa, AP, Stefano Spazi, dpa/dpaweb), ullstein bild/Pressefoto Ulmer; 148: picture alliance/dpa; 150: Corbis/Gianni Giansanti/Immaginazione, Reuters (2), ddp images/dapd/Clemens Bilan, Getty Images/Gamma-Rapho, picture alliance/AP; 156: Getty Images (Gamma-Rapho (2), AFP (4), Franco Origlia, Pool (2), WPA Pool), Reuters, picture alliance/AP (3), picture alliance/dpa(5); 162: Corbis/Alessandra Benedetti, KNA-Bild, Reuters, picture alliance/AP (2), L'Osservatore Romano; 168: picture alliance/Stefano Spazi; 170: KNA-Bild, Getty Images (2), laif/CPP/Polaris (2), picture alliance (AP (2), Stefano Spazi); 174: Getty Images/AFP (3), L'Osservatore Romano (2), SZ-Photo/Giribas Jose, Reuters, laif/Vatican Pool/contrasto, picture-alliance/dpa (2), Gnoni; CPP/Giancarlo Giuliani/P.S.Paolo; 186: picture alliance/AP; 188: picture alliance/abaca; Hintere Umschlagseite: picture-alliance/dpa (3)

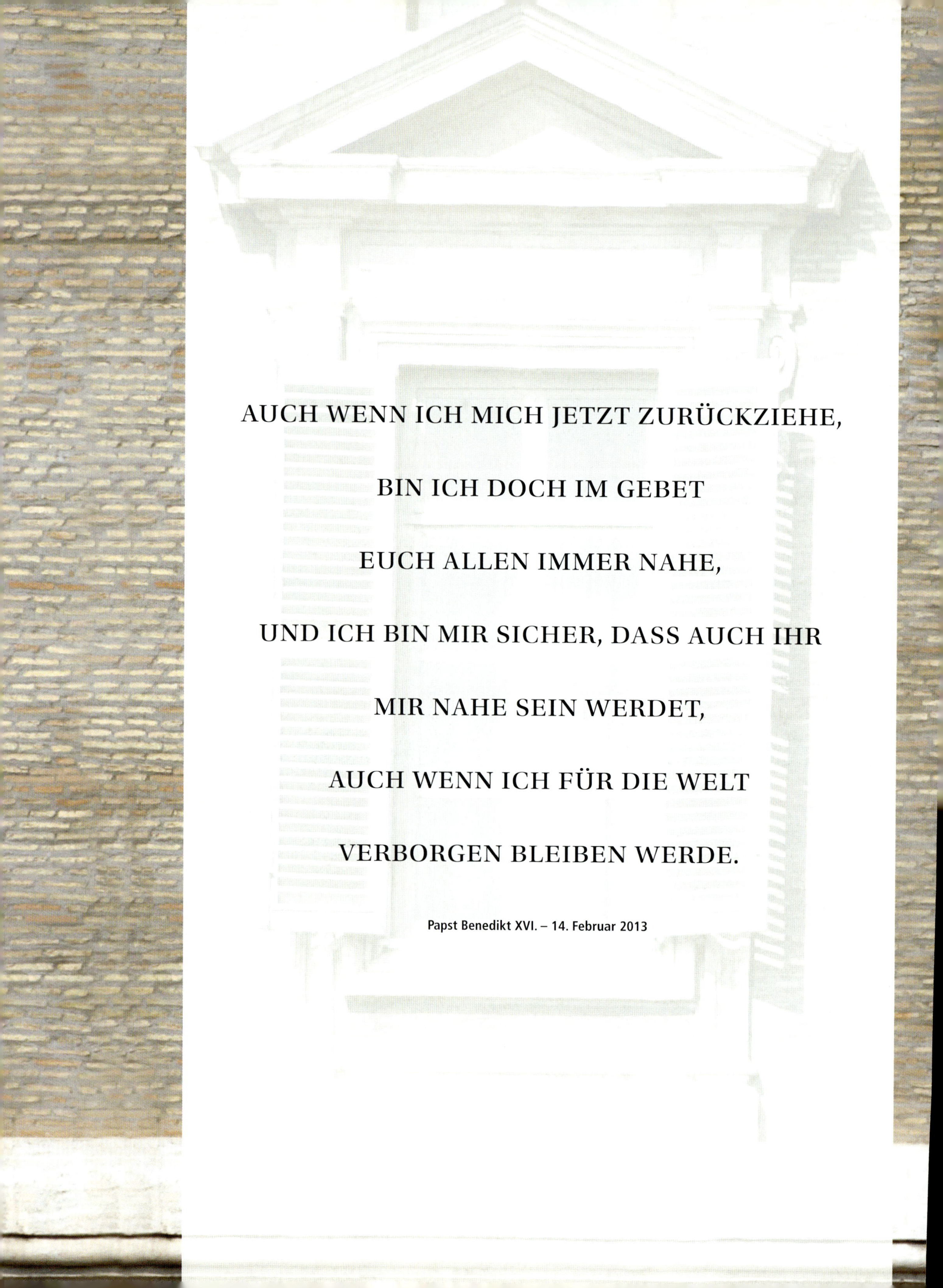

AUCH WENN ICH MICH JETZT ZURÜCKZIEHE,

BIN ICH DOCH IM GEBET

EUCH ALLEN IMMER NAHE,

UND ICH BIN MIR SICHER, DASS AUCH IHR

MIR NAHE SEIN WERDET,

AUCH WENN ICH FÜR DIE WELT

VERBORGEN BLEIBEN WERDE.

Papst Benedikt XVI. – 14. Februar 2013